校長の学校改革

原点としての解放教育

西田秀秋

社会評論社

校長の学校改革——原点としての解放教育＊目次

［4］教育の原点を求めて

序文にかえて

いい先生を育てたい

――解放教育の闘士から〝転身〟した高校長、西田秀秋さん――

インタヴュアー　高士　薫

「西田秀秋」。同和教育界に知れ渡っているその名は、毀誉褒貶《きよほうへん》に包まれていると言ってよい。一九七〇年代に、定時制の県立湊川高校で花開いた解放教育の指導者であり、被差別部落や在日朝鮮人の子弟、あるいは障害を持つ生徒らと正面から向き合った実践と数々の著作は、全国の多くの教師に影響を与えた。しかし、八三年に湊川高を離れてからはそれまでのように目立つこともなく、教頭、そして校長へと階段を上った。それを〝裏切り〟と見る人もいる。県立神戸甲北高校の校長室に、西田さんを訪ねた。

――〝裏切り〟説がある

「教頭試験を受ける時、一緒に活動してきた仲間にこう言った。『今まで裏参謀のような立場でやってきたが、やはり表の責任者にならないと学校は変わらない。管理職になって、もしおれの思想が変わればそのときにたたいてくれ。変わらない自信はある』と」
――で、今は？
「赴任した学校を変えることは、確かにできたと思っている。校長、教頭が変われば現場はものすごく変わる、それを実感した。先生も育っているし、管理職になってよかったと思う。しかし残念ながら、若い先生たちの意欲をそいでいるのも管理職だ。せめて一人の教育者として、県の同和教育研究協議会の大会ぐらいには参加し、勉強してほしい」
――教育実践をより広めたいと管理職になった。しかし「同和教育」は全般的に低迷している
「確かに…。蟷螂《とうろう》の斧《おの》か、と思うこともある」
――原因をどう見る
「管理職の責任とともに、一般論、啓蒙論としては熱心に人権を説いても、目の前の課題、子供の具体的な人権を守ることに弱い教師が増えている。どの生徒が被差別部落出身かも把握せず、部落史だけを教え、差別はいけないと説く同和教育ほど無責任なものはない。そのあたりに衰退の原因があると思う」
――校長として、どう活性化させる
「部落史の授業をやめさせた。部落にしても民族問題にしても、特別視する必要はない。若い先生にはいつも、普通の生徒指導と同じように、直接ぶつかっていけ、と言っている。部落の子、在日の子などがいれば、担当教師にまず家庭訪問をさせる。現実にぶつかることからスタートだ」「それと、大切なのは授業。授業のかなりは教師の独り善がりだ。公開授業をどんどんやって互いにチェックす

る。そして教材研究を徹底させる。例えば新聞も生きた教材になる。一つの記事を素材に、どう教えるのか、教師間でリハーサルをしてから授業に臨ませる。森鷗外がドイツで知り合った女性は実はユダヤ人だった。青春の詩人といわれるハイネは実は死刑執行人の息子で、それが作品に投影している。そんな発見を子供たちと一緒にしていけば、生徒は授業についてくる」

「教師という職業は、教壇に立ったその日から、人生の大先輩として子供に向き合う。しかも、第三者にチェックされることもない。よほど嫌虚でないと、三年もたてば傲慢な教師が出来上がる。学校とは、人間をつくるところ。人間を育てるには、教師がまず自分を磨くこと。大変な仕事だとは思うが、湊川を離れて『案外、ええ先生がゴロゴロしとる。その人材を育ててないだけや』と思うようになった」

――〝質の高い教育〟とよく口にされるが

「生徒の学力にかかわりなく、質は高くなくてはならない。例えば、文字を学ばずに育った人のための識字学級。私はそこで、自分の母を教えた。ひらがなを学び、一生懸命に自分の人生を書こうとする。しかし、とても表現し切れるものではない。まどろっこしかったろう」

「教育だと言うなら、そこで止まってはダメ。ひらがなで表現することで、その人の人生体験を薄めることがあってはならない。先生が補い、時には語りを聞き取って表現したり、ポエジー（詩）による表現を模索したり。ポエジーなら、大学を出た人間と五分に渡り合えるかもしれない。そこまでやるのが教育だ」

――では、「いい学校」とは

「一人ひとりの生徒の指導で、先生が力を合わせ、共同歩調をとること。ギスギスしていたら、敏感な子供が育つはずはない。そして生徒には、身辺をきちんとさせる。社会に送り出すんだから、しつけも要る。規律も要る。時にはルールの押し付けもあるだろう。しかし先生が生徒たちと向き合い、中でも生活面でハンデを背負った子供たちをしっかりさせれば、生徒たちは自信をつけ、学校全体がものすごい力を発揮する。就職を含め、進路も広がる。そんなシステムを持った学校だ。偏差値による輪切りを、何とか乗り越えたい」

——教師生活の転機は？

「授業研究を目的に、七七年秋、宮城教育大の林竹二さん（元学長）に、初めて湊川高に入ってもらった。少したって、ご夫婦と西宮で会った。そこで林さんがおっしゃった。『西田君、君には被差別部落の怨念がこもっている。恨み、告発。そんなことを乗り越えないと、一緒にはやれない。部落解放からさらに、人間を解放する視点に立ってほしい』—と。それまで私は、差別糾弾の仕方も一番きつかったと思う。しかしその後、相手も人間、こちらも人間、ともに高められたらいい、と思えるようになった」

——今、何を？

「教員生活もあと四年だ。西田が堕落したと言われてもいい。先鋭な人権感覚を持って動いてくれるいい先生を育て、いい生徒を育て、いい学校をつくる。それに、被差別部落出身者が自分を卑下することも、過大に思うこともなく、過不足なく自分を語れるようになればいい。一生懸命にやったら必ず花は開く。そう信じている」

（『神戸新聞』一九九四年九月十一日付）

I

学校改革の原点

怨恨を超えて悲願へ

――部落と朝鮮をめぐって――

対談　林　竹二
西田秀秋

拠点としての湊川

林　こんどの卒業生を卒業させるための取り組みを総括したのを機会に、湊川高校の教育のなかでの部落と朝鮮の問題についても、君の考えを改めて聞いておきたい。西田君は湊川を解放教育の拠点としてだいじに考えているにちがいない。湊川を守ることが部落解放教育における「大義」になっているのだと思います。私もそれはひじょうに大切な考えだと思うんです。何々研究会という一つの組織の力では、具体的な教育による解放の「事実」をつくり出すことなどできるはずはない。どうしても拠点がなければどうなるものでもない。拠点をもつということの重要性は、どんなに強調しても強調しすぎることはないんです。

それから、もう一つは、西田君自身の問題。今までの部落解放の運動とか労働組合なり教員組合のなかで動いてきたその動きと、拠点なり根拠地なりに腰をすえてやる仕事では、戦いの形がまったく違う。その戦いの核心は、西田君自身が変わることなんです。そういうようなことも、個人的に私は聞いてみたい。しかしその前に、基本の問題として、湊川という高等学校が部落解放という運動の拠点であるだけじゃなくて、いやおうなしにそこに在日朝鮮人がたくさん学んでいて、その人たちの解放という問題にも取り組まざるをえない。その二つの関係がどうなのかということです。

西田　自分は解放運動の中の位置で言えば少数派でしょうね。これは前にも言いましたけど、かつて同時期に解放運動に入った人が、十年二十年たってみると組織の中で役職を持ちよります。わたしはヒラで一介の現場の教師をしており、そこの違いが出てきているのだろうと思うのですが。わたしは組織が変わったから人間が変わるというような説は、考えません。どこまで行ったってひとりの人間が変わらなければならない。そうすると、自分の仕事というのは、賽の河原の石積みみたいなもんで、当面は湊川の教師としてそこに坐って、毎年入ってくる生徒に、なんらかの形で、人間としてゆるやかで幅のある、それでいて部落を隠さない、そこで生き抜いていける人間を育てるということになります。遠まわりやけど、十年二十年先にその志が大きな流れになったとき、教え子たちは、部落解放運動のなかで、いちばん下積みの大事なところをになう青年になっていくだろう。すぐに形になって出てこなくってもええんです。組織のなかで、中枢にいて旗ふってもらわんでもええ。いちばんしんどい時に、弱音をはかない人間として、湊川とつながりをもった青年たちが何人か出てくれればいい、という基本的な考え方を持ってます。

わたしは部落の人間だけで部落が解放されるとは思うていません。部落なり朝鮮に本気でかかわっていってくれる先生が、一人でも二人でも出てきてくれたらいいという考えで、湊川なり尼工と関わりを持ってきました。この五年間はそうしてきたんです。しかし、大きな波にあえばこれもまたポシャるかもしれません。これは解放運動にもあてはまるのではないかと思います。解放運動を指導する際の考え方で、量的に拡大したらなんとかなるという発想にいくことは避けられないのだろうと思います。おなじものが身近かなサークルのなかにも見えるようになりました。寄らば大樹の蔭という思想がはびこると、順調に行っとう時は、大樹に食らいついとればなんとかなる。しかし、そこが倒されたら、自分らはてんでばらばらに走りまわるということが現状となるでしょう。

そうなってきますと、わたしの考えはそれとは違いますので、自分の根拠地へ帰る道を選択します。どこかといえば湊川です。もういっぺん五年前に戻る、ある意味では二十年前にもどって、目の前におる部落の若い衆と一から出直すことなのです。

そう考えてきて、去年くらいから身辺整理を始めました。自分の足許を固めなければ何を言い、何をやってもあかんと判断したからです。足許があぶなくなってる時、根拠地から離れて向こう側へポーンと身をひるがえせば、なんとか自分だけは安全な位置へ移ることは、別にむつかしいことじゃないと思います。一般的に運動体の場合味方がいちばん困ってる際、理屈の上では同胞を助けるという名目をあげながら、実際にそのいちばんの根拠地から切れたところで、できあいの組織で派手にやる、逃げていくというパターンがあります。生き方として、それと同じ道をわたしは歩くことをしたくないのです。わたしは湊川に帰ってそこで頑張る。やっぱオレは湊川の先生で終わりたい。湊川の先生が性に合うとるんやと外にも自分にも言ってきました。そして今年、湊川に帰ってきたんです。

生徒と四つに組む若い教師たち

西田　わたしの生き方は、これからもそういうことになると思います。わたしはやっぱり最後まで「湊川」を見届けんとあかんと思っています。「湊川」で生きてきて、今気付くのは、まともに生きていくために、そのための方策を捜す上で、わたしたちは部落の子への橋渡しをする、しているということになっていると思います。繊細なこと言うたり気のきいたことを言う先生じゃなく、その意味では部落に対しても耳の痛いことをずばっと言うけれど、確実に前に一歩一歩、歩いてる先生方をいちばん大事にしなければと思っています。部落の若い衆にとってもその先生方は、煙たいだろうけれど、逆に大事な存在やと。そういう先生方をこの激動のときに、何人か見つけ出せています。やっとそういう先生が出てきたなあと思ってます。一斉糾弾のあの緊張したドサクサのなかでは、やっぱり、わたしは解放同盟の側にいて、先生の側に入ってなかったんではないか、今考えたら、先生方に対しても結果として過保護になっていたと思います。しかたなかったことですけど、自分だけが決定的な場面に立ち合って、難問を処理してしまう立場に立ってやってきてしまったと思います。先生方の中に、難関を自ら乗り切ってきたという自覚が薄いのも無理からぬことです。これだけきびしくなってきましたら、差が出てきます。一人ひとりの先生の資質みたいなものとか、部落と朝鮮をどれだけその先生が自分の問題としてやろうとしとんのか、その差が、激しい闘争のときより、今のほうがもっと地金として出てきます。学校におりますと、それが具体的に、毎日の生徒指導や授業の場面に見えてくるわけです。

　現場を離れていたときには、ある程度、先生への見方がゆがんでたと思います。むしろ軽くなってたと思います。ところが現場へ帰ってきて、生徒の面倒みてるのはほんとに誰かというのがよく見えるようになってきました。一年間現場でやってきて私がよしんば湊川を去らなくてはならんことになっても、やっぱり何人かは、ほっといても湊川の生徒らと四つに組むだろう、そういう先生が確実に前へ出てきたなあというのが実感です。それだけでも湊川へ帰ってきてよかったと思っています。

昨日も尼工の若い二人の先生に言うたんですが、いまは特定政党や行政だけがわたしらを狙っているだけでなく、残念ながらかつての仲間がうしろから石をぶっつけてくるということになっている。そのためにも一年間がんばり通せ、ひとの噂も七十五日や、そのてあいの大方の部分はくずれるから、尼工も湊川も一年間、アタマにくるけどいまの態勢でがんばりや、と言うたんです。

林　君がいっしょに働きながら育ってきた人たちが戦力になったと言っても、やっぱり飯野先生が校長で、そして浅野先生という教頭がいてくれたことの意味は大きい。天佑神助だなと私は思っていた。若い人たちが腰を据えて頑張りだしていることはまったくありがたい。しかし上に立つ人の理解が欠けていては、若い人たちの努力が実を結ぶということは極度に困難です。

西田　極度に困難というよりも、そうなれば今の態勢は根底的にくずれてしまうでしょう。ただわたしが今言いましたような場面になっても何人かのほんとうに腰を据えた先生方は、どんなにまわりを厳しく囲まれても、自分の思想信条をねじまげる人ではなかろう、という確信はあります。情勢がこんなんですから、来年湊川に大きな変動があることも予測されなくはありません。そうなったばあい、今の湊川で、危うい均衡の中でやれてること、部落や朝鮮の生徒を切らないで、何年もじっくり面倒をみて、陽の目をみさせるという教育のシステムは根底から――

林　根底からくずれるね。

西田　それは間違いないことでしょう。

林　それに対してどういう戦い方があるのかが問題だね。私には行政が、湊川や尼工でやっているような、教育のもっとも本質的取り組みをどうして理解して力を添えてくれないのか、わからない。こんなに間尺《ましやく》に合わない仕事のため、身を粉にして働いて、労を厭わない教員の集団が他にあるとは思えない。もっとも、解放教育の旗印を掲げてはいても本当の教育の戦いというものが何であるか考えている人は案外すくないかもしれない……。

西田　残念ながらかつての仲間の話で、それがいちばんの象徴やと思うんですが、いわゆる何々問題を闘うことによって湊川という本隊を守ったんや、尼工を守ったんやという論がこのごろとってつけたように言い出しています。

林　そんなこと言ってるんですか。

西田　軽口がすぎますわ――。

林　どうして守ったことになるんですか。

西田　守るんやったらなんであああいうことをしたんやろう――。

林　そうですね。後から弓を射かけたようなもんでしょう、あれでは。

西田　あの件で湊川の私らが、なんの警戒心もなく、エエ恰好して派手に動いていたら、たちまち湊川への攻撃をモロに受けることになってたと思います。主だった人らにこないだも直接あうことがあって、本隊を守るとか言うてますから、ちょっとおかしいんとちゃうかとは言っておきました。

組合も右へふりまわっとうとき、ほんまにそう思とるんやったら、自分らのみぢかな人間が、あんたらが言うてることとは正反対のことをやっとるのに気がついとんのか、と問うたんですよ。そんなはずはない、と言うてましたが。わたしは、口先きでエエ恰好はいってるが、ほんまのとこ、生徒のことでは何もやらん連中はあてにしとらん。湊川は湊川で守るさかい、軽いことは言わんとってくれとはいっておきました。わたしはこういう気軽ないい方が、今でも尼工をどれだけ苦境におちいらせたことか、と思っています。

いまの林先生の、根底的にシステムをこわされたときに湊川をどう守るんだと言われる時、直接解放運動の仕事に関わることでないと、そうすることでしか守れないのではないかとも考えたりします……。

林　ですから、そういう根底のところまで降りてゆかないと湊川を守る道はないのでしょう。

西田　いま番町地区には、全解連という組織があります。解放同盟の支部もあります。湊川というのは、その連中にとっては自分たちの影響下におけば利になるでしょうね、「湊川」がこんな中で頑張っとるときに、導火線みたいなことが近辺の学校であって警察が入った。これ幸いに湊川へ攻めこもうとする動きも出てくるかもしれません。そんなことで、教え子もだいぶおりますし、もういっぺん結集しなおした方がええんではないかと考えてみたりします。それはおそらくいちばん下を組織することになるでしょう。

なぜ朝鮮語講座をおくのか

西田　朝鮮語を設置したのは、一九六九年です。解放運動の中の思想性として、朝鮮人問題に部落の人間が本気でかかわるために、というか日本人としての発想をインターナショナルな広がりをもつものにするためには、現象的には被差別状況の中に部落と朝鮮とが当面併存させられている。差別状況も酷似している、しかしその内実や歴史性は明らかに違います。これをなんとかしなければ部落の人間がほんとに解放されたことにはならんという考え方は前から持っています。湊川の教師になった一九六九年、すでに朝鮮語をやれる教師をということで、天理大卒の池川いう人ですが——。その時に朝鮮語を生徒に学習させる目標は実施に移されているのです。これはまだサークルがない四、五年も前の話です。その頃一斉糾弾校が二十三校ありました。最低限十個の公立高校で正課として朝鮮語講座開設というのがわたしの夢やったんですが……。

第二外国語として朝鮮語を法的にもおいてはならんということはありません。あのころ、朝鮮人生徒から私達へいろいろ質問がありました。朝鮮人生徒がおるから朝鮮語をおいたのか、というから、意図はまったく逆や、かりに朝鮮人生徒が一人もおらんでも、日本人の青年が朝鮮語を学ぶということは必要やと思う、ということで首尾一貫して答えてきました。その後、尼工も設置しました。選択科目や課外学習としてK商や他五校にも一時的に「朝鮮語」講座がおかれたことがありますが、尼工以外全部なくなりました。そのおき方でもだいぶ差がでていました。地方自治体の体質からも、国家の意思からみても、公立学校に朝鮮語をおく場合いろんな難儀なことをかぶらなあかんのです。湊川の場合、四年間は実施期間やと、しかし実質は朝鮮語の教科書を使う、教師の身分は教諭、実習助手扱いとして保障する。それから実質上正課にすることに同意する。そういう項目を確認した上で、対外的には朝鮮語を設置し正課としてやってることは四年間は公けにしないという約束のもとに、その形態で湊川の朝鮮語は設置してきました。

　尼工はそやなかったんです。正面から朝鮮語を正課におくという形をとり、朝鮮人教師の身分保障は結果として若干不安定なものとなっています。正課としても位置づけは弱いものになっています。他のいわゆる一斉料弾校も一時期朝鮮語をいろんな形態で開設したけれども、けっきょく自分の甲斐性で自分の発想でこの学校に朝鮮語をおかねばならんということについてタテマエとホンネとが割れとったのでしょう。自分一人になってもやりぬくというような強い意志があってしたのではないから、情勢が急変したとたんに全部つぶされてしもとるんです。残ってるのはいま湊川と尼工だけです。しかもこれは実施時期からいえば九年前に遡って湊川に始まってるんです。林《りん》さんが湊川に赴任されるときにもわたしは本人にいいました。うちに朝鮮人生徒がひとりもおらんでも、日本人のそれも部落の青年に朝鮮語を教えてほしい、ようけ期待せんと、四年間に一人でもいいから朝鮮語が読み書きできて、きれいな発音のできる生徒をつくっていただいたら林《りん》先生の勝ちやし、置いた意味があるんやないですかあ――。そのため、詩人金時鐘よりも、日本の公立学校の朝鮮語教師林《りん》大造先生の方が今はひじょうに重要やと思うから頑張って下さいと。

　日本人の知識層や社会運動をやっているものは、部落とか沖縄とか朝鮮をスローガンにあげてやってるけど、あれとわたしの発想は違うと思います。湊川に朝鮮語をおく発想はこれとは全くちがいます。部落の青年がほんとうに解放されるというひとつのイメージは、自分たちだけが幸せになればいいという所へ、運動体の持ってる性格から言ってもともすれば行くものです。そうではなく、自分たちが解放されることは当然であり、そのうえで、しかも、自分の周辺の人間に対してもやさしい眼とか気づかいができるような人間に育つということでなければと思っています。その視野のなかに朝鮮人も入るだろう、そういう目的を果すためにも朝鮮語を入れたんです。「朝鮮語」が日常のこととして在るということです。朝鮮人生徒には朝鮮に南も北もない。朝鮮は一つやから国籍に関係なく日本の公教育で学んどる以上朝鮮は一つという立場でのぞんでいます。いわゆる全生徒を政治的に組織することは、全部切ってきたのです。ところが他所では、若干そういう配慮に欠けるところがあるようですね。

四年前になりますけど、地方自治体の職員採用条項の内から国籍条項を外さしていく運動を展開したことがあります。民間企業の門戸をひらかせ、試験を受けさすようになりました。その時他所の学校で、地方自治体へ朝鮮人生徒の卒業生を職員として入れたんです。それで私が文句つけたんです。もしその卒業生が西宮や尼崎の市役所につとめ、かれらが福祉係とか外国人登録係にまわされたらどうするか。彼らを、同胞を仕事の上で裏切るというような仕事につけるようなことをするのか。条項を外せというのは一般の民間企業に対する警告であって、それを短絡させて地方公務員や国家公務員にするという発想がどこから出てくるんかと。けっきょく別の民間企業に勤めをかえさせるということになりました。

そういう意味では、いわゆる知識層といわれる人々は、根底では、ほんとうに朝鮮人や部落の問題をわかっとらんのとちがうのかなと思います。あいまいなところで、ちょっと大波がきたらグラッとする。そのような発想で問題を考えてきて、矛盾が集約されて、いまこうなってるんやないですか。

こんなふうなややこしい関係のなかにいますと、労働組合運動に対しても用心して、距離をおいてるんです。

林　いまの西田君の話だと、湊川で朝鮮語をおいたのは、もっぱら被差別部落の人間が、こんどは朝鮮の人に対して差別的な心情や態度を持っている、それを残していては人間としての解放には到達できないということがあったわけですね。

　だから朝鮮語をおくことにも、部落を軸としての考えがあるわけですね。しかし、湊川では同時に朝鮮人がたくさん学んでいる。そうするとその朝鮮人にとっての湊川の教育なり、あるいは朝鮮人のための湊川の教育という観点がまた出てくるわけですね。

西田　いまの話しをそこにつなげてしたらこうなると思うんです。二十年前、うちの家内も朝問研作りに参画して、わたしは部落研作りに参画してきました。部落出身として生きよと励ましてくれたのは、日本名田中、夫《プー》君でした。彼が朝問研の下地造りをし、それから家内らが創設に関わったんです。その時点から部落研を軸にしながらその周辺で朝鮮人生徒が本名を名のって自立していくということが、同時進行でやられていきまして、部落研と同じように、うちの学校に在籍する朝鮮人生徒たちは、朝鮮名を名のり、朝問研活動が展開されてきたのです。そのわたしたちは、彼らが人間的に自分の意思で自分を取り戻す道を助け伸ばし、彼らを囲む日本人教師や同級生が、彼らを外国人として確認した上でつきあいができるという態勢作りをしてきました。その方向は今もくずしていません。日本人の、とくに部落出身青年が朝鮮語を学ぶということは、遠まわりみたいですけども、朝鮮人生徒がいて彼らが朝鮮名を名のることで自立していく道につくとき、そのまわりにいる部落の青年もお互いの立場を確認した上で自立していく。そのために耳なれぬ朝鮮語を学ぶことは大変大事なことだと思っているのです。

しかしその関係を作り上げる前段では、部落も悪いけど朝鮮人も悪いということになり、集団として部落と朝鮮はいちばん悪いところでつながっている。決定的な場面になったら、部落のことがわからない、朝鮮のことがわからない、という、そんな状態で生徒らは学校へ送りこまれてくるのです。朝鮮語を学ぶことはその日本人の生徒らにとってひじょうな苦痛なんです、そこを四年をとおしてねばりづよく持続的に鍛えるということは、朝鮮青年にとっても、直線的なかたちで日本人の青年と好ましい関係に入れるだろうという見通しを持っているのです。

もう一つは、朝鮮青年に対しては朝鮮人の一世や二世が彼らの魂をまでゆさぶる責任があるだろうと思うんです。それと同じことを望むべくもありませんが、おこがましいけれど、湊川では朝鮮青年を自立させることについてのお手伝いは、学校のシステムとして完遂させたいと思ってるんです。最終的には彼らは祖国へ帰るべきだと思いますが、ただその場合特定政党に属する連中がよく言うように、北へ帰れというような指導はしたことはない。むしろ故郷のある南へこそ帰るべきではないのかとも言うてきました。まして、朝鮮人生徒を部落解放運動の道具に使うというような発想は、サラサラないんです。そういうことはわたしの中にはありません。

林　研究会のスローガンに「村へ回帰しつつ超える」という文句がありますね。あれを考え出して使ったのは誰ですか？

村へ「帰る」ことと「超える」こと

西田　あれは、わたしがつくったことばです。あれは部落の若い衆に向かって言ったことばなんで、だから先生方があれを使いまわると少しおかしくなるんです。「村へ帰る」というのは生き方の上で部落へ帰れということ。帰って半封建的なままのところに安住するな、村を変えるために帰ろうという意味でつけたんです。学校の先生が使うとどうもおかしい。意味が全然ちごうてきます。奨学生にしゃべってきたのを凝縮するとああいうことばになるんです。

林　直接的には部落の青年たちに呼びかけてるんですね。

西田　生きる上で地下《じげ》の側につけということ。そのままではあかんので、超えるということばをつけたんです。一般の先生にはあれは直接関係ないんです。

林　しかしあれが解放教育運動全体のスローガンになってきてるわけでしょう。

西田　そうみたいですね。こういう現象があるんですよ。朝鮮人問題や部落問題に日本のインテリが同伴しますと、自分がなりかわってしまうんですね。部落になりかわって、朝鮮人になりかわってということになるんですよね。そういう現象をいっぱい見てきてるんで、こちらがくずれたらなしくずしになります。わたしら頑張っとるから、今みたいに問われればそのように答えるということになります。

それから昨日も尼工の先生の原稿をみながら気付いたことで、ほんまに部落や朝鮮の子が大事やと思うんやったら、親のおる前でも、こどもを本気で怒るぐらいの先生にならんかい、しかられに行くイメージとちょっと違うやろとは言うとるんです。いっぺんコマが動き出しますと、握りメシが坂をころげ落ちるのといっしょで、余分なのがいっぱいつきますわ。ある程度時期がこなんだら淘汰できんのとちがいますか。

林　そのばあい「村へ帰る」というのは部落出身者が自分の「村（出身地）」へ帰るということですね。そうして、「超える」となると故郷へ帰るのとはちがった面が出てくる。

西田　林先生がルナホールでの授業で、わたしの文章をいちど使っていただきましたね。奨学生集会で部落の若い衆にしゃべったのがあの中に書いてあるんです。部落の人間が自分の同族の中で解放運動に入るということは、当面、周辺の生活状態を一八〇度転換させることになってきます。ですから一つの血縁関係のなかで、自分が解放運動に入ったために姉さんが離縁になるといった地獄みたいな、鬼みたいな所業にも耐えてそれでも前へ出る、そんなきびしい状態に自らをおくのを「超える」と、そういうこととちがうのかなあというふうに思います。そのイメージがあいまいなまま使われるのはいやですね。部落の人間が、集団の中で部落を名のるというのはたいへんなことなんですよ。朝鮮青年が本名を名のるということも大変なことだと思います。一家のなかに韓国籍と朝鮮籍があるんですから。例をあげれば、弟は朝総連の役職につき、さる団体の管理職で、兄は韓国籍に三年前に変えてるん。それは母親が韓国におり、日本で病気治療させねばならん。観光ビザでは入れませんから。そうするとこんどは、兄は韓国へ自分の母親の病気見舞とか墓まいりに行こうと思うとき、朝鮮籍では行かれません。韓国籍にかえないかん。変えるとなったら領事館で全部調べついてますから弟のことはつつぬけです。朝鮮籍から韓国籍に変えるとなれば、朝鮮籍のものからは、いまわたしに対して、デマるそれ以上にデマが飛びかいます。母親と会おうと思うと国籍を変えなしゃあないわけです。一家の中にそんな問題がある、そんな青年をつかまえて、本名を名のれというのがどんなにたいへんなことか。そのしんどさをどこかで共有しなければ、日本人の教師が肌で感じてなければ、軽口だけになってしまうでしょう。彼らは反発しますよね。最低三年間ぐらいに、なんもできんでも、その生徒のしんどさぐらい自分のものにして、一緒になりきるぐらいのものが生徒に伝わらなかったら、部落を名のらんし、朝鮮名も名のらんと思うんです。そういうところがわかってないからでしょう、軽すぎるなと思うんです。

林　「村へ回帰しつつ超える」ということにはいま君が言ったような超え方のほかに、たとえば部落の素朴な人たちが、朝鮮人きたないというようなことを口にする。それがきわめて自然のように使われている、そういう「心ならい」を変えていくということも入ってくるでしょう。

西田　そうしないと。

従来の、未解放の状態におかれとる部落の中で、人間が変わるということは、人間がよくなる、きれいになるということやから、観方まで、人間の中身も変えなあかんのんですね。「超える」ということばにはやっぱりそういう意味もこめられています。

教室を現場として自己が変わる授業を

林　私が、ずうっと、解放教育の核心にはやっぱり授業を据えなければならないだろうといってきたのは、そういう問題意識があったわけです。

西田　それは、わたしのなかでも同様なんです。それが最後の勝負どころやと思てるんです。

林　授業を解放教育の核心に据えて、たとえば湊川をその拠点として本格的な取り組みを深めようとすると、それにも抵抗があることも覚悟はしていなければならないでしょう。

西田　覚悟はしてます。ただ、わたしが確信を持ちはじめたのは、こない言うたらおかしいですけど、学校のシステムが全部変えられたとしてどこかの学校みたいに、ぼくがそこに残っとったばあい、ぼくは現場を大事にします。逃げる形で外へ出ないから。教室をあずかっとる限り、これは先生の領分だから、ここでがんばります。三年でも四年でも、それでやったらええ。敵ばっかしの村の中で、一人二人と味方につけてきたんやから、そのことを思えば、またもういっぺんやり直したらしまいや、と。そのためには自分の授業そのものをもういっぺん鍛えなあかんのやとは思いますけど。

林　授業をつくり出すという仕事にまじめに取り組んでゆけば、必ず授業をする人間が自分をつくりかえることができるかどうかの正念場にぶつかる……。

西田　そのことがいちばん手っとり早いんですよね。むつかしいけど、それやったら、たとえ校長がワンマンで同僚が全部むこうさんでも、別にどっちゅうことないわけですよ。

林　私が湊川に入って一番感心したのは、湊川の生徒がいつどんなときにも、裸の人間を見て、それとつきあってくれてることです。私がかつて何であったかは全く関係ない。

西田　ぼくもそういう話は入れてないですね。元学長なんていう肩書きはよけいなことです。前に失敗しとるんです。林《りん》さんがきたとき、元同志社大学の講師やと言うたらアカンて言うとんのに、その時の校長がわざわざ講堂で言うてもたんで生徒らが怒り出したんです。「そないエライ先生、うちへ来てもらわんでもええがえ」肩書でモノいわそうとしたから、反発したんです。「そないごたいそうな肩書でうちへ来てもらわんでもええがい」とヤジが飛んだんです。

今年三月の判定会議のとき、一人の教師がこういう形でくずしにかかります。「出身生徒何某は林《りん》さんに向かって『朝鮮帰れ』という。そういうところで林《りん》さんは耐えている。日本人の教師はどうするんか」と。自分は関係のないところへおいといて、エエ恰好をいう。おそらくぼくが現場におらんときは、その論法でぜんぶやられてたんやないかと思います。わたしは「あんたはその時、その日本人の青年とどんな対話をしたか、言え」「それが出来てないのなら、そんなオチョボ口でモノを言うな」と返しました。わたしは部落の青年がそういう不謹慎な発言したとき全部前へ出てきました。「あんたもそれ見てきたやろ。その若い衆に、朝鮮人に向かって『朝鮮帰れ』というセリフがどんだけひどいか、を最近も言うてある」その若い衆に、どれだけひどいことかを、説明すればわかるんです。四年のゴンタに「おまえにむかって誰かが『エッタ、われ生意気や』とか『エッタ、帰れ』言うたら、おまえどうするか」「朝鮮かえれ!」ということばはそれほどひどいセリフやぞと言うたんです。「林《りん》先生に対して『朝鮮帰れ』というのがそれと同じ意味になるというのがわからんか」「これからは言わん」という話になって、彼は守っています。ところが恰好をつける教師は、そういう場を見ただけで、部落の若い衆はこんなひどいことを言うたと、会議に出す。「ええかげんにせんかい。あんたも日本人の片われやないか。同じ日本人の青年がそういうこと言うたんやったら、あんたが前へ出て、その部落の若い衆に、それは言ってはならんセリフやということをていねいに説明したれ」と返しました。そしたら黙った。大学の先生になって出ていったのもこれと同質でしょう。わたしが現場におらん間は、とにかくそういう言い方でずうっとまかり通っていたようですね。

「超える」というのは、こういうのを全部こめて言うとるんです。先生のメンツだけでやっている動きは、湊川には関係ないと言うので、嫌われるんでしょう。労働組合運動をわかっとらへんとか、あいつは権力とゆ着しとるとか、あいつはもともと右翼やったんやとかいわれています。林先生も右翼なんですよ。(笑)

林　それは、どうも。

西田　階級的な視点がないんだよ、てなことを言われてますから。(笑) 林先生は労組の動き方も権力の動き方も同じ根で動いているということはみぬいとるんとちがうかな、と考えとるんです。解放教育研究と言うたかて偏見を超えることはむつかしいでしょうね。

林　新しく、どこかの地方に、解放研ができるという話をきくと複雑なきもちになる……。

西田　勢力分野を広げるのんやったらもっと戦法を変えてますね。全然チャンスがなかったわけやないし。彼等はそういう発想でしかモノが言えんのですね。だから連中から見ると、こんどできたどこそこの解放研は何々派何々系何々組になるわけです。(笑) 東京でも何々派何々系何々組になるんとちがいますか。

個人の怨恨を超えて解放の悲願へ

林　なんべんもくりかえして言ってきたことだけど、湊川の解放教育に私が協力できるのに一つ条件が要る。湊川の解放教育運動が部落出身の西田秀秋の怨恨の中に動かない根源があるということは、それはそれでいい。それがなかったらこんなに根強い不退転の戦いはできない。しかし、それがただ怨恨に終止するのでなく、やはり一つの悲願にまで高められなければならない。悲願をともにすることは、私のようなものにもある程度できる。しかし怨恨で一つになろうとしたって無理です。

西田　五、六年前のわたしやったら、こないに包囲されたら荒っぽい迎え方をしてただろうと思います。デマを飛ばす連中も同様にやってしまっていただろうと思います。しかし、林先生と出会うて、徳《とく》ということをいわれて……。

林　道徳でいういわゆる徳とはちがうけどね。（笑）

西田　わけのわからん宿題をもうたなあ、と思とるんです。わたしにとって、こない言うたらなんですけど、あれは、足枷です。証明は自分でせないかん、自分で測定せないかん、こんなしんどいことはないわけです。五、六年前なら連中にこれだけいわれたら、〝やってもたろか〟という気になって行動おこしましたけど、それが今のところもちこたえられるのは、林先生と奥さんに出会うたからかなと思うとるんです。

林　生徒との関係では西田君は驚くほど「徳」を身につけている。だが、ある種の大人どもには我慢ができない。その辺をこれから改める点として気をつけなければ……

西田　でも、わたしもしんぼう強うなったことは確かです。

林　ほんとうに持続する運動、上すべりの許されない、だんだんとよりふかく根をはっていく運動と、数を頼んでの、また数がものを言う組織の運動とは全く異質のものなんです。

西田　その通りやと思います。

林　「徳」という厄介なことばを押しつけて、なかみに何にも触れないのも拙い。簡単に説明できることではないけど、「徳」について一つだけヒントを出しておきましょう。これはプラトンの対話篇『プロタゴラス』に出ている「プロメテウス神話」にあることばで、「技術」に対比される語です。人間というのは道具を作ってこれを使うでしょう。動物は自分に生まれつき具わっているものだけで生きている。敵と闘うときも自分の体にそなわっている鋭い歯や爪で戦う。ところが人間は、生まれつきもっているものはひじょうに貧弱で、それにたよっていては他の動物との生存競争では敗れるほかない。それで、自分自身が弱いままで、強いものとして通用するような手段――道具をつくり出した。そういう道具をつくり出したり改善する能力が技術的知恵です。しかしこの知恵によって、人間は道具をつくり出し、そのお蔭で人間は弱いままで強いものに対抗できるようになった。だが、技術や道具や方便ではどうにもならぬものがある。道具は人のものを借りて使っても、甚だしい場合は盗んで使っても同じように有効です。しかし、盗むこともできないけど、奪われることもない、人間本来の「自己」がある。ソクラテスやプラトンはそれが魂だとした。その魂の面倒を見る、世話をするのが本当の教育の課題だと考えていたわけです。その教育の方法が反駁法すなわち「めくりあい」であったわけです。これは知識や技術を授けるのとは全く別の仕事です。その仕事は教師が鎧、かぶとに身を堅めていたのでは、はじまらない……。

教師は、借りものの知識とか、権威に頼りがちです。教師の権威も一種の道具です。教師にはもっと露骨な支配の手段もある。テストであり、点数評価です。小学校の四年生が、林はふつうの先生とすこし違うところがある。それは「林先生がふつうの人に見えるからです」と書いています。（『授業・人間について』No.98）。湊川の生徒が私を受け入れてくれたのは、私が「ただのじっちゃ」であったからでしょう。手ぶらで生徒たちの中に入ってゆくことができたとすれば、私もいくらかは私なりの学問をしたことになります。

西田　林先生はそれをもってますね。うちの生徒を見とってもそう思うんですけど、とくに「先生」という人たちは自分を弱いものだと認めたらくずれると思うてるようですね。

林　「徳」を身につけるというしんどい努力を重ねるかわりに、次から次と新しい知識や学識を積み重ねる人もいるわけです。それもやはり道具である間は力なんです。

西田　きのう、尼工の先生の原稿に注文をつけたんですけど、知性というのはこういうもんやないかと言うたんです。自分が一人の先生に影響をうけて、今までの動きと全然ちがった動きをはじめる。しかしわしはそれをほんまの知性やとは思わない。たとえばわしらの集団で知性と名づけとる、それはなんやといえば、自分がそのように素直になっとることを、別の自分がまだ見とる。冷たく自分を監視しとるもうひとりの自分がいる。えらい人の話を聞いたら、それをきれいに論理的に整理しよる。そしてわかったとする。ところが、自分の中にさめたもう一人の自分がおる。これも変えんとほんまにわかったことにはならんのかのう、と言うたんです。

林　とにかく、このたたかいの勝敗を決するものは、私の言う意味での「徳」が君のからだの中にふかく根をおろして、君がある意味で別の人間になることができるかどうかじゃないかな。迂遠なことを言ってるようだけど、それが決定的に大事なんじゃないかと思ってるんです。田中正造が谷中の人民の一人になろうとしたとき、政治の世界に長いこと生きてきているから、議会を捨て政治を捨てて谷中村へ入ったあとからもなかなか政治的な——常識的にはまったく非政治であっても、ごく微かであっても多少の残滓をのこしている――発想から浄められつくすことができないで長いこと苦しんだ。いくらかはその困難な状況のところに君も立っているんじゃないかな。

西田　弱いものとしての自分を認めますと、個人的にもこれまでの経験があるので、それらを全部いっぺんに封じ手にしよるんです。身辺整理するというのはそういうことです。ですから今はまったく湊川の先生だけになったんです。そうすると正直言うて、あんまり落ちつかんですね。だからあんまり余計なことをされると、やってもたろうかという気になる。だけどそれは、今はわたし、あかんのやと思います。

谷中の残留民の闘いにこそ学べ

林　湊川における解放教育運動を、私ははじめは、谷中村に入った田中正造の戦いとぼんやりと結びつけて考えていたんですけど、実は谷中村に残留した残留民の戦いなんだということを、こんど改めて考えるようになった。田中正造じゃなくて残留民なんですね。村から逃げないで、そこで踏み止まっているのは。だから当然ものすごい圧迫や迫害や誘惑があるわけです。ふつうの人間では生きられないところで生きることを選択したことが谷中亡村の残留なんです。そこで軽い動きが許されるはずはない。私は教育の分野で、数百年あるいは千年の差別によって傷つきながら戦いをうけついできたその戦いを継承するものが、ハチマキしたり、すわりこんだり、ステッカーをはったりというような軽い動きしか出来ないのを見ると、こっけいとも腹が立つとも、情ないとも評することばがない。ほんとうに戦うということが何であるかを知らないのだというほかない。

教員組合運動で育った人のこわさはこれだと思います。数をたのみ組織をたのんで気勢をあげることはできても、それで何があとに残るのか。形骸化された戦いのくり返しでしかない。何かあると集まってきてやる。それから先に一歩も前進できない。同和教育が上げ潮のときには、時の勢いに乗じて、かなり横車をおしたことがあったわけでしょう。

西田　それでくずれていった。

林　君なんかがやってることは、部落解放の戦いのなかで谷中残留と似たことをやっているのだろう。私は部落解放の戦いについてはほとんど何も知らないけれど、形だけはあっても、実がどれだけあるのか。

西田　湊川がじっと辛抱して闘争を持続しようとするのを、「闘争しないいんですか?」という問いかけが続きます。「闘争やっとるやないか。整然と毎日授業やっとるやないか」と答えているのですが。

林　それがまさに谷中の残留なんですよ。残留だから、毎日毎日、日常の生の営みをつづけていくことが闘いなんです。そのことがはじめ田中正造には見えなかった。社会にたいして、人道に訴え、憲法に訴えて解決しようとした、それが誤りで、ほんとうに戦っているのは谷中の残留民だったと心底からさとったことが、正造の谷中での苦学の成果だったわけです。

西田　見捨てたんとちゃうんです。湊川を守ろうとしたんです。

西田君は放っておけない、見殺しにできない身内がいるから、あんなはねっかえりはできない。ある時期まではそういうこともあったんでしょうけど。

林　その人たちは、教育を通じて部落を解放するという課題に応えて何をしようとしているのかな。

西田　理念と実際の行動が大きく喰い違っているのではないですか。授業報告をとってつけたようにするのは、いやらしいと思います。授業研究をやってきたということが、少数派のメンバーを勇気づけてきたんですが、いまその中心はいないのですから、この発想はいやらしいですね。ま、先生、「徳」を研鑽するためにしんどいけど当分がんばります。

林　そうしなければたたかいつづけることができないんだから仕方ない。〝怨恨から悲願へ〟ということを私が言ったわけだけど、「悲願」だと未来にむけてずうっと道がひらけている。そして、外にいるものの参加する道が開けている。だから私も馳せ参じた。

西田　せいぜい長生きしてもらわんと、ぼくがいま峠というか、山の中腹にさしかかって下山するかどうかの岐れ目のとこですから、先生も奥さんも息災で長生きしてもらわんと困ります。

林　しかし私なんかが参加するとなると、差別に対する怨みだけにとどまっているのではなくて、やっぱり差別をつくり出す根にある文化、あるいは精神みたいなものとのたたかいにまでいかないと——。

西田　自分のなかでも、まだ責めぎあいがあります。ほんとうにしんどいですから、フッと組織的に数を頼んで問題のケリをつけようとする誘惑に襲われます。ただ昨年の夏以後、自分に言いきかせて、さきほどから言っている現場の仕事、生徒を大事にする仕事に全力をあげようとしているんです。定時制統廃合に反対なのは勿論ですが、そのためには毎日生徒が学校にきて、「学んだ」と確信を持たせる、そういう学校教育をわたしたちが創りあげている限り、生徒が学校に元気にきて、人間としても良質の一級品に日々仕上っていく取り組みがなされている限り、学校は潰されはせんと思っています。

わたしたち教師の側にそれだけの余裕、自信がつちかわれて、難問をのりこえられるくらいのふところの深さがないとあかんと思います。

林　それがないとほんとうの解放はできないですからね。

（一九七九年五月二十七日　於・西宮）

同和教育の推進のために

はじめに

今日は石川県で初めての、人権教育を推進する担当教員の集まりだと聞いております。大袈裟に言えば、石川県における部落解放運動につながる同和教育運動がここから始まるのだ、と私なりに考えています。私自身が部落出身ですが、自分の小中高校時代を振り返りまして、学校の先生が部落出身の生徒にきちんと部落に対する差別や歴史的ないわれなどを教えてくれていたら、自分の人生はこんなにも遠回りをしなくても済んだのにと思います。それをしなかった小学校なり中学校の先生をいまだに許せないという気持ちは、多分墓場に行くまで続くだろうと思います。

全国で被差別の状態に置かれている生徒にとっては、早い時期にきちっとした歴史観なり生き方の目標を教えてもらうことで、自分の生き方に自信を持ち、誇りも持てるだろうと思います。それを曖昧にして、事実を事実として教えないで過ぎてしまうと、いろんな不幸なことがその先に待っています。例えば、結婚する時、就職する時に、いまだにそういうことに無知な人が沢山いますので、不幸はいつまでも絶える事がありません。

阪神大震災後の八月、かつて私が東灘高等学校に勤務していた時にラグビー部のキャプテンであったH君が突然訪ねてきました。彼は神戸の新川の被差別部落で育ち、中京大学を出た男です。私が在勤中、東灘高校では校内で部落出身の生徒たちを集めた集いをずっと持っていましたが、その時は彼は逃げ回り、月に三回ほどの会のうち一回ぐらいしか出て来ませんでした。その彼が、「この人と結婚することになりました」と訪ねてきたのです。校長室で「先生が言っていたことがやっぱり当たってしまったわ。新川のことが大問題になって向こうの親から大反対されたけど、先生からいろいろ教えてもらったことを頼りに、向こうのご両親を説得してやっと結婚の許可をもらいました。」というのです。娘さんも東灘高校時代の放送部の部員でしたので、本当に納得して結婚するんやなと念押しをして、結婚式の時のスピーチでもその辺のことをきちっとご両親には言っておきました。「部落だからといって特別な人間じゃない、ごく当たり前の日本人なんですよ」ということを自分の経験を踏まえて話して、「二人が幸せになるようにお願いします」と言いました。

「同和加配」教員について

前置きはそのくらいにしまして、少し堅苦しい話になるかもしれませんが、これから大事な話をしたいので、出来れば謙虚に耳を傾けていただきたいと思います。

石川県の人権教育担当教員と聞いた時に、最初に私の頭をよぎりましたのは同和加配教員と違うかなという事です。しかし歴史的にも法的にも考えて、石川県で同和加配教員が置かれるはずはないと分かりました。

念のために知っておいてほしいと思うのですが、「同和加配教員」というのは、同和対策、要するに部落差別をなくすうえで教育上特別な配慮を必要とする被差別部落を校区に含む公立の小中学校・高校に一般定数の教職員以外に加配される教職員のことをいいます。これは同和対策事業特別措置法制定に伴って第三次教員定数改善計画から位置付けられ、一九六九（昭和四四）年から実施されたものです。法律上の用語で言いましたら、「公立義務教育諸学校の学級編制及び教職員定数の標準に関する法律」の第十五条一号、同法施行令第五条第一項第二号によるものなのです。

同和教育が浮上してきましたのは昭和二十年代のことです。部落問題が教育上提起する問題として、低学力とか長期欠席とか不就学などの課題があります。その克服のために同和教育の大先輩たちは当初は孤立無援で、本当に聖職というか献身的に実践を行なってきたという経緯があるわけです。有名なのは高知の興津の砂闘争とか長浜の教科書無償闘争とかで、現在、日本ではごく当たり前になっている教育的成果は当時の先進的な同和教育の先生方の財産の上に成り立っているわけです。一九六〇年代、私も部落解放運動に携わる一員でしたが、部落の親たちは国策樹立請願運動とか文部省交渉とか激しい闘争をやりました。そうした解放運動の支えの中で、公的に定数外の教職員を各学校に確保すべきだという運動が実を結んで、ようやく同和加配教員制度が実現されたのです。

これは私事ですが、私は当時「部落解放同盟」の専従でしたので、毎日、地区で住宅闘争など激しい闘争をやっていました。自分の出た湊川高等学校(定時制)が日本一の教育困難校で、連日生徒があれまくっておりました。なかなか務まる教師がいないので、私が先生集めをしたこともありました。先輩の山田彰道から、要するにお前が教師になれと言われて、当時立命館大学の学生でしたが、急遽、県教委の許可を得て加配教員の採用試験を受け、実習助手として教員生活を始めるようになりました。三省堂から出した『在日朝鮮青年の証言』という本はその当時の闘争の真最中にまとめたものなのですが、その当時は部落解放同盟の専従と教員(実習助手)との二足のわらじを履いておりました。連日若い先生方を護ることで、それこそ二四時間勤務といっていいですかね。結婚していましたから、女房からあんたは餓鬼大将だとよく言われたものです。まわりは若い先生方ばかりで、授業に行って生徒にどつかれ身をこごめている先生方を激励し支えるのが私の主な仕事でした。彼らをささくれ立った気持ちで家に帰すわけにはいきませんので、神戸の街中へ連れていっては激励したことを良く覚えております。その時に兵庫県で最初に五名の同和加配教員が発足したのです。五名とも湊川高校でした。そのうちの一人が私です。あと四人をあっちこっちの大学から引張ってきたのです。

生半可な教師では絶対務まらないと思いましたので、当時学生運動で大阪の御堂筋などで機動隊とぶつかっていたノンセクトの学生に目を付け、こういうのが生徒たちを教えるべきだと思いました。私が学んでいる立命館大学から二人、京大から一人、阪大から一人、その四人の連中にいつも言っていたことは、「同和加配教員というのは部落差別を無くすために特別に配属された教員なのだから、他の教師に比べて何よりも部落問題についての認識は深くしておいてもらいたい。そして自信を持ってやってほしい」ということでした。

同和加配教員の基準は、被差別部落（所謂対象地区）を校区に有する小・中学校で、地区児童・生徒の比率が一〇人以上のところに一人加配される。これは義務制の学校の場合です。二番目には、対象地域を有する小・中学校で、地区児童生徒数が八十人以上一六〇人までの場合は、一人加配する。一六一人以上三二〇人までの場合は二人を加配する。三二〇人以上の場合は三人を加配する。三番目には、少数点在地区を有する場合には、別に配慮するということで、今も国の政策に定められており、現在三六都道府県に配置されています。ただしこの基準は義務制に関することであって、高等学校には国の負担は及びませんので、高等学校の場合は県独自で加配教員を配当するということになるわけです。こういうことを先進的にやっているのは、大阪・奈良・京都・福岡・和歌山・滋賀・岡山・広島・兵庫などになります。それが同和教育を真剣にやっているかどうかのバロメーターにもなっていると、私は府県の名前を調べながらそう思っています。

石川県では今から三〇~四〇年前に四七地区あったものが、現在〇（零）地区と報告されておりま す。ロシアの作家のゴーゴリの作品『検察官』みたいに、部落民がいるのにもかかわらず帳簿上の数字では「〇」と報告されているわけですから、先ほど私が言いましたように、石川県には「同和加配教員」の配当はなく、法律の恩典は受けていないことになります。

先程、小松の国府中学校の浅野先生のお話を聞いていて、たいへん立派な先生だし、国府中学校の先生方が二〇〇人足らずの生徒の中で、全員の先生が束になってやっていることは前途洋々だと思うのです。あとで控室で一点、「国府中学校の校区に部落はありますか」と質問したのですが、無いようですと言われました。無いのになぜ文部省や県教委の指定校になったのか。私は疑り深い質で、金沢市内にも北陸最大の被差別部落があるわけですし、小松市にも被差別部落はあるだろうなと予想しています。これは後で先生方にお願いすることにも関わることですが、現にそういう風にして被差別の状態で苦しんでいる人がいれば、事実として明らかにする必要があるだろうし、それが人権担当教員としての任務ではなかろうかと思います。

立つ基盤を明らかにする

話を戻します。私たちの仲間の先生は、今は各学校の中心部隊になっていますが、よく今まで生き延びたなと思います。彼らはあの当時の戦友であり、一番しんどい中を闘ってきた仲間でもありますから、「俺たちは同和加配教員として特別の任務を負っているから、部落問題については誰よりも深く学習する必要がある。部落問題を深く勉強することにより学校現場が抱えている矛盾などについて誰よりも敏感に察知する能力が身につくだろうし、それを克服するための分析力も誰よりも高いところで身につけることが出来るだろう」と励ましてきました。「一番しんどい、一番荒れている生徒や生徒の親たちをまともな人間に再び向かわせることが出来たら、教師として一人前ではないか。それをするために教師になったのだから、どんなにしんどくても弱音を吐かんと頑張ろう」と激励しました。

私も随分そういう人たちに助けられてきました。「暴発する生徒の前で絶対脅えたり後ろに下がったりするな」とも言いました。生徒同士で激突している場面で、私とその時同僚であった教師たちはけんかの止め方を知っています。一七〜一八歳の屈強の若者が激突して殴り合いしている時に、へっぴり腰で距離を置いて周りから声だけで「〇〇君やめなさい」といってもけんかはやまないですね。余計激高するだけです。これは私が修羅場で経験したことですが、殴り合いしている間に体を入れて、そして「止めろ」と、どちらか一方の両肩を押さえる、そしたらどんなに激高してどんなに荒れている生徒でも体で持って止めに入っている先生を後ろから殴るようなことは絶対しないものです。これはそういう修羅場の中で得た経験です。当時湊川高校には、若い先生方が沢山いました。殴り合いしている間に体もって入るというのはなかなか勇気が要ります。

ただ、教師の中にもええやつばっかりというわけではありません。無理して中学校から湊川高校に転勤してきた者がどうにもスカタンで、どうしてもその先生が狙われるのです。生徒たちはそういうところは本能的に匂いを嗅ぎ分けるのか、優柔不断で事のメリハリのつかない先生を集中的に狙うのです。そういう生徒は良くないのですが、私がその教師を見ていてもイライラするところがあるのです。職員会議で大事な決定をしても、生徒に攻められて大事な職員会議の決定は筒抜けになってしまう。そのためにもう一度秩序だって出直そうとしても崩れてしまうのです。その先生のお陰で、そういうことが度重なりました。それでもその先生を庇わなくてはいけません。当時は私よりその教師の方が給料が高かったので、口には出して言いませんでしたが、「月給盗っ人。こいつは一体何のために先生やっとんだ、辞めてほしいな」と内心思ったものです。翌年、校長にお願いして三顧の礼をもって、姫路の中学校に代わってもらいました。

学校の先生には絶対してはならんことがあると思うのです。仕事はしないし、口ばっかりで、一番しんどいことをしている同僚の後ろから足引っ張るような者がたまにおるんです。石川県にはそんな先生はおられんだろうと思いますが、そういうのが学校に一人でもおりますと、学校の士気に影響します。

私が常々仲間の先生に言ってきたのは「同和加配教師として何が一番必要なのか。部落問題というのを特別な問題と思うな」という事です。学校でいろいろ生徒指導上の問題が起こった時先生は真剣に取り組むわけですが、こと部落問題とか朝鮮人問題になると、実は自分はそれに就いてはあまり認識が無くてとか、勉強不足だとかと逃げ腰になるわけです。同和加配教員の場合にもそういうことが間々ありましたので、「そういう逃げを打つな。目の前の生徒にそういう対象生徒がおってそのことで悩んでいるのだから、他の生徒と同じように全力でぶつかって指導しなさい」と激励してきました。そのために部落問題に対する研修も随分専門的な領域までも勉強してきました。

何よりも部落出身の荒れている生徒たちをしゃんとさせることが私たちの最大の仕事でした。日曜日ごとにそういう生徒たちを県下全域から集めて指導するのが私の主な仕事でした。自分はそういう生き方をしてきましたので、「ゴンタ」の生徒、部落出身なり在日朝鮮人、荒れている生徒たちへの迫り方は厳しくしました。理由も無いのに人を殴ったり、自分の不運な環境に甘えて相手を恨んだり、非難したり、そういうことをやっている者は絶対許さなかったので、だいぶ追いつめました。

これはギリシャのソクラテスの哲学の中の「対話」みたいなものです。自分で自分を悲劇の主人公にするようなことは絶対に許さないようにしました。大勢の部落出身の仲間がいる前で、家の状態から、親の仕事から、すべてを話させるように追い詰めていきます。自分で弱いところを克服した時には、人間、まともになります。二度と崩れるようなことはありません。部落だから隠している、朝鮮人だから隠している。隠していることを一つの伏線にして世の中に対する不満を陰湿な形で発散するわけですから、仲間の前でそれを開けっぴろげにして、自分の親父・おふくろの生き方も公にする過程で、今までの人に対する恨みとかそういうことは言う気がなくなるのです。難しくいったら「カタルシス」というのでしょうか、自分をきれいにする、そういう作業をやりました。

同僚の先生方も生で部落問題を学習することが出来ただろうと思います。解放運動が一番の高揚期は、兵庫県では部落出身の高校奨学生を五千人くらい姫路の文化ホールに集めたことがあるんです。いつもそういう生徒たちに生き方や部落史の講義をするのが私の仕事でしたから、私はいかなる時も人を恨まないで生きていくことを伝えたのです。

石川県で明らかにしてほしいこと

石川県について長々と私なりにしゃべればしゃべることがあるのですが、今日はそれをしないで、ただ課題だけをこのように担当教員の先生方にお願いして、あとは先生方の独自の力でしていただきたい。

石川県に差別に絡まる儀式がいつ頃から始まったかについては、文献上もいろいろな学者たちが明らかにしています。この石川県で前田藩なり、能登半島を支配した朝鮮人の豪族たちが《皮多》とか《藤内》の組織をどういう形にして作ってきたかについては、先生方がお調べになっていただいた方が良いと思います。それが何百年と続いてきて、平成の時代にまでその被抑圧状態の中で苦しんでいる人々が現に石川県下のあちこちに居るわけですから、《なぜ・いつ頃・どういう形で出来たか》ぐらいについては、先程来から言っています「同和加配」教員と一緒で、石川県で初めての担当教員になった先生方は自力で学問的に明らかにしておいてもらいたいものです。

ヒントだけ言いましたら、石川県で被差別民が存在しているのが文献上明らかになるのは一六世紀の後半です。天文一五(一五四六)年に金沢御坊が創建された前後から、文献上に明らかに被差別の状態に置かれている人々のことが出てきます。それが差別の始まりだろうと思います。仲間同士連れ添ってでも結構ですから、先生方独自で研鑽をつんでいただきたい。事実は事実として知る必要があります。実態がありながらそれから目を背けていたら対象に迫ることは出来ません。それは教師として怠慢だと思います。

封建遺制を数多く残してきた日本社会の構造からいっても、明治以降、大正、昭和、平成と、石川において対象地区の人々が今もいる事は、私ども部落の側の人間は良く知っているのです。自分の校区にそういう地区を持っている先生方が、特に私と同じ校長連中が知らんというのでは話がおかしいですね。知らんということではすまさんぞということになりますね。私がもし石川県の校長であったなら絶対後ろにさがりません。「知らんはずがあるか、事実を追求せい」そう迫ると思います。石川において被差別民の形成が制度的に前田藩によってずっと仕向けられてきた、そのことが現在につながっているのは真実だと思います。きついかも知れませんが、先生方も含めて大多数の石川県民がそういう真実から目を背けてきた、あるいは真実に迫ることを故意に怠ってきた、サボってきたということは出来るでしょう。

この十一月に、金沢桜ヶ丘高校の人権教育講話に寄せてもらった時、急遽、民生委員・児童委員の人たちにもお話をさせてもらい、こう言いました。会長は、「加賀に非人なし、また加賀は天下の書府なり」と荻生徂徠が言ったことを、彼はあたかもそれがそのまま事実であるかのように広島の大会でしゃべったのです。（石川県民生・児童委員協議会連合会会長の差別発言事件が新聞に出ました）

日本国中そんなにアホはおりません。賢い奴も全国各地におりますから、人権意識に非常に敏感な人が全国各地にいます。特に西日本の各自治体でしゃべる時には、非常に鋭敏な感覚の人たちが聴衆の中にいるわけです。それで、「お前は何を言ってるのか」ということになったのだろうと思います。私は、「会長さんをお気の毒だ」とは思わない。職業柄、非常に重要な仕事である会長がそういうとんでもない話を、あたかも事実であるかのように話をしてしまうところに彼自身の歴史に向かい合う態度に問題があるだろうと思います。それで大勢の人たちに迷惑をかけることになったのだから、やっぱり糾されねばならないですね。だから彼がいろいろ批判されることに謙虚に耳を傾けてくれることが、私は部落解放のために一歩前進することになると思っています。

昨年、金沢泉ヶ丘高校の生徒たちに話をしました。「泉ヶ丘高校の生徒は将来石川県のインテリゲンチャを構成する人たちだ。君たちは大学に行き、やがて石川県をリードする側にまわる人間だと思うから良く考えてほしい」と問題を投げかけました。あとの感想文で、わざわざ神戸から来て石川県を馬鹿呼ばわりするのに頭に来たと書いた生徒もおり、この子はまだ人間が出来ていないなと思いました。ただ女子の生徒が非常にシャープな感想文を書いてくれていました。こちらが難しいことを言っているのに正確に受け止めてくれたな、最近の世の中を反映して男よりも女の人の方が非常に仕事が出来るし、頭が良いのがようけそろっているのではないかなと思いました。

うちの職場でも男の先生よりも女の先生の方がやり手の人がようけおります。私は、今年初めて女性教師を部長に抜擢しましたけれど、期待に応えて彼女は八面六臂の活躍をしてくれています。昨年の石川県同教の機関紙の中に、石川県の被差別部落の実態調査の統計が出ています。

一九三五(昭和十)年に四七の被差別地区があったのに、一九六二(昭和三七)年には十に減っている。そして一九六七(昭和四二)年にはゼロ地区になっている。私は、これを読んでいてどう考えても理屈の上では合点がいかないのです。いま松本清張の「乱灯」という時代小説・サスペンス小説を読んでいます。お隣りの越前の国にあった、吉宗の長男の家重(障害者)の生母の里である丹生郡の一箇村全部を皆殺しにするという恐ろしい話ですが、それと同じことをやっとるのかなと思うのです。

半世紀も経たないのに四七地区もあった村の人間たちが忽然とこの地上から消えるはずがないではないか。それはどこかに詐術があるのではないか。解放同盟中央本部から「もし同和地区指定の希望がその地区から出た場合、金沢市はどうするのですか」という質問が出されましたが、金沢市側の回答は「対象地区の市民から希望があれば行政として地区指定したい」というものでした。この回答もおかしいと私は思います。金沢市も石川県も一九六七(昭和四二)年には総理府にゼロ地区と報告しているのです。行政マンとしてゼロと報告しているということは帳簿の上ではおらないということですから、仮に解放同盟から先のような質問をされても正直な官吏であればゼロですからそういうことはありえませんと回答するべきです。これは正直に言いすぎたのか、はしなくもゼロではないということを暴露したのだと思います。

かつて行政闘争についても激しくやってきたのでその時の経験で言いますと、県なり自治体の金沢市あたりが行政施策をする場合、市長や行政官は大方の市民の意向を反映して行政施策を打つのが当たり前なのです。そうしますと金沢市の場合、北陸最大の被差別部落が現にあるのに、未指定の地区として放置したまま総理府に報告しないということは、大多数の金沢市民の意向を反映した結果と見てほぼ間違いなかろうと思います。金沢市行政当局がそういうことをやる責任を大多数の金沢市民が負わねばならぬだろうと思います。

部落問題を考える場合に「傍観者はいない、真ん中のようでいて差別者の側に立つのだ。白か黒かどちらかだ」とよくそういう話をしますが、そういう意味で言うと金沢市民全部といって良いと思いますが、このように苦しんでいる人々を放置する市の行政を支える位置関係にいるのだといえます。このあたりの私の話を、金沢泉ヶ丘高校の生徒は「神戸から来て石川県民を批判している」と捉えている。こういう人は出世しないだろう。人としてこんな単細胞ではだめです。

今年十一月の金沢桜ヶ丘高校の生徒の場合、聞く態度が真剣でした。集中度が高かったと思います。芝居の演出をしてきたので分かるのですが、観客側の集中度が高ければ演じる側にビンビン伝わってきますからね。桜ヶ丘高校の場合はそういう感じでした。現実にそういう被差別の状態に置かれている生徒たちがおるはずなのです。兵庫県の先生方にも言ってきたことですが、部落問題とか朝鮮人問題は特別なものではないのです。部落問題とか朝鮮人問題に深く通ずれば、他のいろんな被差別の状態に置かれている・ハンディを背負っている生徒のことについても非常に鋭敏に反応できるようになるのです。一番しんどい問題を背負っている生徒の問題にかかわることが出来れば、それ以外のいろんな個々の状態に置かれている生徒・ハンディキャップを背負っている生徒たちへの問題にもいち早く対応できるようになるのです。ですから、同和教育を熱心にやっている学校には絶対いじめが起こらないといってきました。

今度の阪神大震災では略奪とか暴動は起こりませんでした。これは同和教育が曲がりなりにも一般の市民にも通じていたからではないかと思います。今、関東で同じような大震災が起これば七十年前の関東大震災と同じような悲惨なことが起こるだろうと私は思っています。

この間の全国校長会のなかの普通科高校の校長会で東京の校長連中が偉そうなことを言っていたので、「仮説として、今関東で大地震が起こったとしたら七十年前の朝鮮人の大虐殺事件が起こると思っているが、あなたたちはどう思いますか」と質問しましたが、答はもらえませんでした。私には「蝮」のあだなもありしつこいですから、回答がもらえるまで丁寧に食いつこうと思います。これは大事なことだとおもいます。

被差別部落の歴史

話を元に戻します。ここにおられる先生方に部落問題をどのように考えておられるのかお聞きしたいのですが、そういう機会もありませんので部落出身の私の側から話をしておきます。一般的に被差別部落の成り立ちは時代区分上どこまで溯ったら良いのか、石川県も全国的な状況とそれほど大差がありませんのでそのあたりの話をまずしておきます。

先ほど少し触れましたが、三十歳代の頃兵庫県内の部落出身生徒や在日朝鮮人の生徒を集めては、部落差別のこと、部落史について話をしたり本にまとめたりしました。時には三千人～五千人を集めて叱咤激励してきました。その時に話した主旨をこれからお伝えしようと思います。現在の歴史学会の部落史専門分野で、いつの時代に被差別部落が形成されたかについては一般的にはこうであろうということをまず伝えておきます。

『現在の被差別部落の出発点は徳川封建制の初期につくられ、穢多・非人身分は幕藩権力による強制的な決定である。それは地域と職業と身分が三位一体となって差別を確定する要因にもなった。三百年にわたる徳川封建制は終わりを告げ、やがて明治維新となり明治四年八月二十八日太政官布告第六一号により解放令が発布されたが、これは名目上のことに終わったため現在に至るも半封建的制度としての部落差別は現存することとなった。このように被差別部落が形成された当時の原型が今に至るも色濃く残っているのが部落差別であり、それをなくすためにどうすべきなのかを考えるのが部落問題である』

これが一般的には正しい把え方かなと思います。ところが、少し文献を調べていきますと、特に高校生の段階で生徒たちは素直な疑問を出すのですが、部落差別は本当に徳川の封建の初期に出発したのか、その時に部落でない一般の百姓仕事をしている人たちがある日突然部落に入れられたり部落でなかったりするのか、どういう人々が被差別部落にされたのか、などいろいろな疑問が熱心な生徒ほど出てくるのです。

私も日本史専門ですから、特に部落について丁寧に調べてきました。納得いくまで調べるのが私にとって生き方の一つの支えになるのです。三十歳頃は向こう気が強く怖いもの知らずで、目の黒いうちに部落差別は無くせるだろうと幻想を持っていましたがこの頃は少し弱気になっています。今五十八歳です。もう一校位どこかの校長を経験するかもしれないと思いますが、定年を迎えるまでに部落差別が無くなるだろうとはとても思えなくなりました。

今、娘二人がカナダに留学しています。うちの娘には小学生の時から「親父が部落で、おふくろが朝鮮人だ」ということを言うてあります。この子達が生きていく上でこの日本で、差別が厳しい世の中で、彼女たちが自立して生きていくためには、家を残すよりも本当の勉強をさせることが親の勤めだと思って、カナダへいかせたのです。娘の学費で一ヶ月の生活費が飛んでしまいますので、それこそ家が建つ間はないわけです。カナダではアルバイトが出来ないので親の仕送りだけで勉強しなければならず、貧しい留学生生活を送ってくれたようです。時々手紙のやりとりがありますが、子供は遠いところにやっておいた方が良いなとこの頃思います。親父やおふくろに対するいたわり、そういうのが世間の子より一段深いみたいです。阪神大震災の時は世界的なニュースになりましたから、二時間後に国際電話で安否を確かめる電話がかかってきました。「かわいい子には旅をさせよ」というのはあれはほんまですね。

部落史の流れというのは大筋では今申し上げたようなことなのですが、少し文献を調べていきますと、違う事実が明らかになってくるのです。それを参考までに少し述べておきます。歴史的な事実を、より客観的に科学的に明らかにすることで、不当な差別がいつ頃出来たのかを明らかにすることが出来ますし、無くす方向に一歩でも近づくことが出来ると思います。

現在全国各地に六千部落が散在するといわれています。大筋では相当数の被差別部落が先程の教科書に記述されているような形成史を持っているのですが、なかにはそうではない発生の理由を持つ被差別部落があるのです。そこらあたりをきちっと頭においておかないと間違いが起こることになろうかと思います。

一つは、中世の頃に起源を持つ被差別部落の存在がその中に少なからずあるのです。中世の時代に被差別部落が出来るということは後で詳しく述べますが、日本人の《ケガレ》意識と大きく関係してくることなのです。中世の賤民について言いますと、十三世紀の半ば頃までは日本では隷属関係はあまりきつくなく体制化された賤民制度はまだ出来上がっておりません。近世の賤民身分というのは存在しなかったのではないかという有力な説が歴史学者の中にはあります。網野善彦さんとか横井清さん（この人は大学の先輩ですが）の文献を読んでいたら、賤民身分と言えないにしろ公家や社主などの荘園領主の支配の下で、当時の京の王朝国家の支配の下で、賤視される人々が多数存在していたことが歴史的事実として明らかになってきます。京都の下鴨神社の延喜の記述の中にもこういうことが出てまいります。彼らが賤視される・卑しいものとみなされるということが多数存在していたということは歴史的な事実として明らかになっています。

もう一つは、平凡社から山椒太夫について上下二巻の本が出ていますが、その中に大阪の天王寺周辺に天王寺に皆かくまわれて庇護を求めるという、そういう形で一つの差別される集団が形成されていった（今では正式な学術名で「散所者」と言われていますが）ということが出てきます。

中世の被差別賤民の場合は、大きく分けて二つに分かれるのです。非人と総称される被差別民と、

「キヨメ」の職能を持って王朝国家から直接支配・監督された河原者の二つに集約できるのではなかろうかと思います。名称はいづれもその住所に因む呼び名で呼ばれており、河原者とはまさしく荒れ野原の河原に居住していたことから呼ばれるようになりました。

差別の諸相

他の非人、宿ノ者とか庭ノ者とか濫僧、坂ノ者、これはは石川県にもありますね。犬神人《つるめそ》、これは京都の祇園社に仕える清掃・きよめを主にした人です。それから、小法師《こぶし》、唱《しょう》(声)聞師《もじ》など。

彼らが主に従事した仕事というのは三つに分かれます。一つ目は寺社などに隷属して清掃にあたったり、死骸の処理にあたるいわゆる《キヨメ》です。後で詳しく触れますが、一般の庶民たちは死体そのものを《ケガレ》とは思っていなかったようです。一番しんどい仕事をしている破格の存在であって、畏敬の念で見られていた形跡が文献上でも明らかになってきました。二番目には造園、庭など土木に関係した特殊技術的な仕事、井戸を掘ったり、地球万物のものを動かすのですから、これも畏敬の念でみられていて、必ずしも被差別な状態では見られていなかった。三番目は、左官や大工、武具製造、主に皮革に関係した仕事です。それ以外にも交通、運輸など商工業にあたる仕事があります。また、雑芸に従事する人もあります。春駒、門口で万歳とかの芸能に従事する村の人もいたということです。

先程来から言ってきましたように、部落がどのような経緯に基づいて形成されてきたかについて歴史的に明らかにされていない点が数多くあるのです。これは京都出身の学者連中がサボっていることもあると思いますが、この辺のことを踏み分けて、もつれた糸を解くように部落差別がどのようにして生まれてきたのかをきちんと歴史的に明らかにすることによって、これは無くす方向にも向かうことが出来ると思います。このあたりのことを私なりに述べてみようと思います。

まず一般的にいわれている「被差別部落」身分です。成立時期の問題から言いますと、学者によっていろんな説に分かれていて、だいたい四つのグループに分かれています。戦国時代以前に成立したという説があります。この説の例は長州藩の毛利元就が転封されたとき、かきいしという部落を強制的に連れていったという記録があります。尼崎藩が大垣藩に移された時、尼崎の皮革技術の労働者を強制的に引き連れて大垣藩に移っていくという例も戦国時代にはあります。

豊臣政権の時、つまり十六世紀の末に生れたという説があります。そして、江戸時代の寛永期、十七世紀の前半につくられたという考えもあります。お隣りの新潟高田藩なんか一番えげつない差別政策をこの時期にとっています。被差別部落といわれる家の門口に毛皮をぶら下げさせ、村の名前を書かせた札を掲げて歩かせるという酷いことを寛永期に強制的にやらせています。それから、寛文・天和期、十七世紀後半につくられたという説があります。もう一つ私があげるとしたら、先程言いました神戸の新川で、明治維新で神戸が開港になって、港の新設とか欧米系の人間たちの食肉を供給するための屠殺場をつくるときに出来たものです。今度の阪神大震災で破壊されたところですが、かつては一面の荒野だったところです。そこへ相撲取りの松五郎が百軒長屋を作って、山陰とか四国の北岸の被差別部落の人たちを強制的に季節労働者として集めて、港の新設工事に従事させました。その人たちが集まって新川部落が出来たという経緯があります。部落が作られるにはそれぞれの歴史があるという事です。

一般的には武士階級が、圧倒的な多数を占めていた百姓や町人を支配するための分断統治の手段として政治的につくられたという点では共通していることです。そこで問題となるのは、部落が作られた時に一体どのような人たちが組み込まれていったのかということで、ここらあたりのことが明らかにされないと問題がはっきりしてこないのではないかと思います。

これも三つぐらいに分けて説明したいと思います。

まず第一に、中世の被差別民の一部があげられます。例えば、中世の河原者や「被差別部落」の系譜を引いていると考えられる部落が京都や奈良や神戸にあります。文献上残っておりますので京大の渡辺さんなどが証拠物件を多く添えて論証しています。それから寺社の隷属民の系譜を引いているとされる部落が兵庫県や滋賀県や長野県にあります。夙《しゅく》の一部がそのまま近世の部落になっているところも大阪府や奈良県に見られます。雑芸能に従事していた人々の系譜を引く部落も少なくありません。ただし、中世末の被差別民全てがそのまま近世の部落に再編されていったわけではないのです。夙を例にとれば、大阪府下の和泉国において中世の頃に存在が確認されている三つの夙のうち近世部落に結びつくのは一地区だけです。神戸市の場合も清盛塚のあるところ一帯は夙と呼ばれていました。ですから幕末の頃までは差別の対象だったのですが、明治・大正・昭和と過ぎて誰もここが被差別の場所だと思わなくなりました。西宮市にスポーツで頑張っている夙川学園がありますが、かつてはあの一帯も被差別の地区だったのですが、いまでは誰もそんなことを考える人はおりません。あそこは高級住宅地です。奈良県の大和の場合もそうです。

更に大事なこととして、近世部落に組み込まれたのは何も中世の被差別民だけではないということです。一般の人々も強制的にそこに入れられていくことになっていくのです。

それで二つ目として、下々の職人の一部が被差別の中に組み込まれていく例があります。中世の被差別民である《河原者》や《穢多》以外の人々で、死んだ牛馬の処理・皮革業に従事していた革剝ぎや革裂き・革屋、それからいわゆる革細工人の系譜の人たちも少なくありません。但し、革剝ぎや革裂き・革屋が全部被差別部落だと思ったら大間違いで、そうではない例も沢山あります。長州藩のように藩主の指示によって強制的にそれを被差別部落にしてしまったり、またそうでもないところもあるわけです。こうした人々は戦国時代には《革多》と称され、地域によっては戦国大名により統制されますが、それが《河原者》等のように被差別民・賤民とみなされていたとは必ずしも断定できないのです。これは文献上沢山そんな例があります。

例えば、この加賀藩では、滋賀の坂本の皮革業者が強制的に引っ張ってこられて、この地で皮革業者として被差別民にされていく経緯があります。歴史的なことはそれぞれの部落に独自な歴史がありますから丁寧に調べていただきたいと思います。全ての皮革関係業者が近世部落に組み込まれた訳ではないのです。皮革業者であっても町人身分に編入されていった事例も各地で数多く見出されます。その他に青屋、染色業者ですね。石川の例を挙げますと、二代目の藩主利長の時までは青屋たちは一定の区画に強制的に住まわされていますが、それ以降は藩主の許可を得て賤民の身分から離脱していっています。それから水運関係業者です。渡し守とか船頭の系譜を引くと見られる部落が兵庫県の北部の但馬地方に今でも被差別部落として存在しております。長野県にもそれと同じ系譜を引く被差別部落があります。それから陸運関係業者です。当時は馬借といわれています。これは滋賀県、山梨県にもあります。九州大学の山口さんだったかが「秩父騒動」を著していますが、彼の本を読んでいて気づいたのですが、彼は部落問題については全く無知だと思いました。馬借が一揆を起こすその中心地は被差別部落で、周辺の業者を糾合して一大騒動が起こっていくのです。九州大学法学部の有名なあの先生でも歴史的な事実を述べる場合、その視点を欠くと不十分な記述になるという証拠だと思います。

第三に、水利や田畑の番人があげられます。川の堰番人ですね。そういう系譜を引いていてそこが部落に組み込まれていくという例が群馬県にあります。猪や鹿などの害から田畑を守る番人・猟師の人々が部落に組み込まれていった例が三重県にあります。その他、百姓の一部が突然部落に組み込まれていったとみられる地区も現に存在しております。これらの百姓的系譜を引く人々は、かつては非人とか河原者の二つの階層に属していた可能性も強いのですが、被差別部落成立時点においては少なくとも一般の百姓であったのです。兵庫県のある地区には今でも豪農の村があります。二町歩からの田んぼを持っているのだけれども、周りからは被差別部落と見られているのです。こういうのは兵庫県や大阪府では数多く見られます。

近世の部落というのは中世の末から近世の初頭にかけて封建領主階級によって政治的意図を持って設定されたものであって、まさに民衆の中の様々な階層の一部分が支配権力によって近世部落に組み込まれ固定されていったということが出来ると思います。それであれば、その封建領主たちがやすやすとその政治的意図を貫徹できるようになった理由とは一体何なのか。それが、「いまだに部落差別が続くのはなぜなのですか?」と聞かれる質問に対する答なのかなと思います。それは、私は民衆の中に《ケガレ》観念が形成されていたからではなかろうかと思います。

十三世紀の初め頃、信州の佐久郡あたりの古文書に出てくるのですが、当時の人々が猪の肉を食べている絵巻物や絵馬が発見されたり、自分たちの身内の者が死んだ場合はその死体を荼毘にふすと、自分の庭に埋めたりしています。穢れていると思い込んでいたら絶対そんなことはしないですね。十三世紀の初め頃までは、今私たちが《ケガレ》という言葉を《汚れている》とか《不浄のもの》という意味で使っているのとは違う言葉として使っていたと思われます。《ケガレ》という言葉の本来の意味で言ったら、《気》が《枯れる》、気持の上の気が枯れるという意味で使われていたようです。この《け》というのは要するに、日本では神祭りとか人生の特別の日を《はれ(晴れ)》の日と言っていたのですが、それに対する日常的な状態をさす《け》の意味を持っていたのです。《気枯れ》というのは、《気力がかれる》、つまり《命の成長・持続を支える霊的な力、その力が木が枯れるようにかれる》という意味に十三世紀頃には使っていたようですね。

それが百年くらいたって、今の近・現代の言葉に通ずる《汚れ》、すなわち不浄のものとか汚れているものという認識・考え方に変ってきます。《ケガレ》という言葉が最初の《気枯れ》とは違って、後に《不浄》とか《汚穢》、要するに《汚れ》《穢》と同義の言葉として用いられるようになるには、神道とか仏教の果たした責任が大きいと思いますが、何よりも一番大きいのは京都の朝廷を中心とした「貴族階級」の責任だろうと思います。十三世紀の後半くらいから部落が形成されてくると《清》をつくるのですが、彼らは微にいり細にわたって自分たちの日常生活の儀式に「延喜式」として規則・ルールを持ち込んできます。一番京の連中が強く意識して《ケガレ》としたのは死骸ですね。死んだ人に触れた場合は《穢れる》。次は産後の《産穢《うぶえ》》です。そして《血》です。ですから女の人を《けがらわしい》ものして排斥するわけです。この三つを《三不浄》と総称します。

そして牛馬の死に関するのを《黒不浄》と言い表し、出血に関わるのは《赤不浄》と言います。赤く《けがれる》ものです。《けがれ》は伝染するものと京の貴族連中は固く信じていて、《けがれ》に染まることを《触穢（しょくえ・そくえ）》と言い表しているのです。これを避けて生命力を保持する、あるいは不浄とみるものを遠ざけるので《忌《いみ》》、今でも葬儀の時に門口のところに掲げるあの一文字です。それから、清浄とみるものを《けがれ》から守るために隔離する《斎《いみ》》です。これを《服忌》《斎戒《さいかい》》と言っているのです。これを部落差別する時に他の庶民が極端に使い始めたのです。秋田藩の記録を見ていても出てまいります。煮炊きの火の共用を避ける《別火（べっか・べつび）》。

こういう京の連中がやってきた、《けがれ》を触るものは《けがらわしい》という考え方は、近畿一円、東日本に伝播していきます。大体百年くらいで伝わっていきます。その中でも一番恐れられていたのは死骸に触れれば《けがれる》ということで、「延喜式」のなかで、甲乙丙丁の四段階に分けて微に入り細にわたり《けがれ》の伝染を回避するにはどうしたら良いのか書いてあるのです。よほど暇な奴がいたのだと思います。その一つの風習でいまでも残っているのが、葬儀から帰ってきたら塩をまくことです。「延喜式」にみられるごとき《死穢》への神経質なまでの対応は、京を中心とした貴族階級によって広められていきました。それはやがて一般庶民の中へ伝播していくわけです。

伝播の手段として神道とか仏教とかが手段として使われます。信州で「差別戒名」の問題が出たことがありました。ああいう差別的な戒名を作るのは京都の本山ですね。今でいうマニュアルを作っている不届きな坊主たちがいるわけです。

天台宗だけでなく、曹洞宗も本山の坊主から関東一円にマニュアルが流れてくるのです。ですから、東日本のお坊さんたち・僧職にあるものが差別戒名を付ける場合は、自分の恣意的な判断で付けたのではなく、京都の本山からまわされてきたマニュアルに基づいて差別戒名を付けているのです。ですから、一時は家の敷地内に自分たちの身内の者を埋葬することを決して厭わなかったそういう人々が、やがて死体を《けがらわしい》ものとして排斥するようになっていくのです。それと同じように、今まで畏敬の念で見られていた人々が集団で排斥されるようになっていきます。このあたりが部落差別が形成されていった大きな、そして思想的な始まりではなかろうかと私は思っています。

もともと《清め》といわれていた仕事（汚れたものを払拭する、神仏の威力を背景にその汚れを清め、清浄の回復を社会にもたらす仕事）をしていた人々が、一転して十五世紀に入るとそれが《穢多》として差別されるというのは、やっぱり人々の観念の中でそういうものが意図的に色濃く形成されてきたからだと私は考えております。そういう考え方は今も私たちの中に脈々と流れているのではないですか。例えば《生まれ筋》とか《血統》とか、そういうものを問題にするのは十五世紀のこの時代の貴族階級がつくった「延喜式」の《三不浄》に基づく思想的な営みに日本の民衆がすべていかれてしまった結果ではないのかなと思います。非常に先鋭的なことを言う先生方でもこの点では信用ならないのです。

もう時効になったから言っても良いと思いますが、かつてある革新政党の党員を名乗っていたマルキスト、つまり理念上は差別を絶対しない男が、同じ党員だった部落出身の女性に子供ができ妊娠三ヶ月になった時、この男が逃げ始めたのです。審査は厳しく生半可なことでは逃がしませんでした。この男を県委員会の委員長のところに連れて行って随分指弾しました。結局、最終的には女の人が「こういう人とは一緒になりたくない」ということで事は終わりました。しかし、党兵庫委員会は彼を除名どころか指導もようしませんでした。ですから、それを糺すことも出来ないような組織はだめだと、私の方からそんな党は辞めました。

現に、今も結婚する場合には《生まれ筋》とか《血統》とかを問題にしたり、《地名総鑑》を利用したりするのは、そういう思想が背景にあるからでしょう。《血が混じる》とか《汚れが多い》とか、部落差別の根本に深々と横たわっている思想に染まっているのだと私は思います。

解放の思想と反解放

幕末の頃、被差別部落への身分上の締め付けが一段と強化される中、同じ時期に日本へはアメリカとかイギリスとかフランスなどの西欧列強の圧力がかかってきます。そういう時に日本人も捨てたものではなく、非常に鋭敏な形で日本の世の中の将来像を描いたすぐれた思想家たちが沢山いるのです。日本社会を崩さない限りそういうものはなくならないと命をかけて主張した男たちがいます。実は石川県にも千秋藤篤という人がおるのです。お隣りの越前藩には橋本左内がおります。彼は、徳川親藩の自分の藩主にそういうことを進言したために切腹を命じられていますね。十七歳です。それから土佐藩の植木枝盛です。この人は部落や婦人解放について早い時期から主張しています。この藩のお殿様・山内容堂、これはどうしようもない馬鹿でした。これは貧しい家に巧者が育つ、上がだめだと下に賢いのが育つ例と違いますか。それから秋田藩の安藤昌益、彼は「自然真営道」を著した蘭方医です。自分の命をかけてそういうことを主張した学者たちが日本の社会にいるのです。

やがて、幕府が倒れて明治四年に新政府は「穢多・非人の改廃され候条、自今身分職業とも平民たるべきこと。太政官」この布告が発布されるのです。この二年前の天皇の「万機公論に決すべし」ということで、各藩から出てきた評議員たちによって審議された模様も記録の上では明らかにされています。なかにはとんでもないことを言う馬鹿な議員もおります。最終的にはこういう一片の文章が出てくるのですが、この文章だけでは部落民は救われないのです。何故かといいますと、先程言いましたように、それまでの三百年間、部落は《けがれている》と思い込んでいる一般の百姓たちは、ある日突然その一片のお触れが出て《けがれている》・《劣っている》と思っている穢多たちが自分たちと同列に並ぶことを恐怖するのです。幕末の大阪なり広島なり山口あたりでは部落の人といっても経済的に力を付けてきていますから、一般の百姓たちにとっては今まで制度上自分たちの下だと思っていたものが法令で一挙に自分たちと同じ位置に並ぶことに恐怖心を持つわけです。

ですから、京都以西（西日本では京都から西側）では《穢多狩り》という非常に残酷なことが行なわれています。不思議なことに京都から東は一件も《穢多狩り》が起こっていないのです。なぜなのかということを考えてもらいたいです。東日本というと、この石川も入ってくるわけです。当時東日本の百姓たちは過酷な状態に置かれていたと思います。それでも「解放令」が出ても、自分たちが差別の対象にしてきた部落の人間たちは自分たちに刃向かうようなことは絶対にないと思い込んでいたのでしょう。事実として完全に屈服していたから《穢多狩り》をする必要が無かったのだと私は思います。

京都から西にかけては経済的な力を貯えていますから、法令の上でも自分たちと並ぶということは、一般の百姓たち・町人たちにとっては恐怖心に駆られることだったのですね。例を挙げますと四国の徳島県に手操り漁船の被差別村があります。そこの漁師たちが随分工夫して遠く讃岐の塩飽(しわく・しあく)諸島まで出かけていき、随分と潤沢な生活を送っていたのです。讃岐の塩飽諸島では網元のことを人名《じんめい》と言うのですが、その網元連中が《解放令》に反対して被差別部落を襲って、漁船とか家に火を放ち、村の人十七名をその場で殴り殺しておるわけです。

それから、「美作《みまさか》騒擾記」という記録の中に、明治六年五月二十三日から六月十三日にかけての《解放令》反対一揆のことが書き残されております。勝北郡津川原《つかはら》村の被差別部落が襲われるのですが、これが一番残酷だと思います。ここの庄屋に匹敵するさいむという職務についている半之丞・あさやはちぞう・松田治三郎とかのリーダーたちは、村の人を守るために百姓一揆勢のまえに謝りに出るのですが、しかし百姓一揆の連中はリーダーの三人を火葬場の傍らに押し込めて、ひとりひとりを引っ張り出し肥溜めの中に突き落として大勢で竹槍で芋刺しにし、さらに女・子供たちは石を投げて惨殺しているのです。これは部落の側の記録ではありません。一般の百姓が著した「美作騒擾記」という中に出てくるのです。最後の松田治三郎は隙を見て逃げようとして加茂川に飛び込むのですが、これも石を投げつけられて惨殺されています。これで襲撃が終わったわけではないのです。その村は百二軒あるのですが、村全体に火を放たれ、老人や子供は悲鳴を上げて逃げ惑います。そのひとりひとりを捕まえてその背中に藁束をくくりつけ火を付けて殺しています。更に男十一名女七名が竹槍で殺されています。それ以外に焼死した人が沢山いると記録に残っています。

それから、明治六年には福岡県で有名な筑前竹槍一揆が起こっています。この参加人員は三十万人という大暴動です。福岡一帯の部落民は《穢多解放令》が出たので、平等な扱いを早速庄屋たちに求めるのですが、《穢多解放令》に反対する人々が村を襲うわけです。それぞれの村の庄屋は穢多村のリーダーを引っ張り出しては、「今日以降も昨日と同じように俺たちと付き合え。《穢多解放令》はなかったものにせい」と詰問するわけです。部落側も必死です。「新政府から《穢多解放令》が出たんだから、今日以降人間としてお付き合い願いたい」と答えた村は全部即座に焼かれます。「昨日までと同じように屈服します」と答えた村はそのままやり過ごされるのです。当時、福岡県一帯の穢多人口は二万百七十五人で所帯数は三千八百二十七です。そのうち焼かれたのは二千戸を越えています。いかに大掛かりな《穢多狩り》であったかが分かると思います。

そして、私が三十二、三歳の時法務省を糾弾して封印した「壬申戸籍」。自分の戸籍をみたら右肩に付票が貼ってあって《元新平民》と書いてありました。これは一時期どの人にも閲覧が許可されていましたから、結婚差別が容易にされていたのが分かる気がします。今から二十四、五年前、神戸の法務局を「閲覧を禁止せよ。国が差別に手を貸しているようなものではないか」と糾弾しました。全国的にも解放同盟が糾弾して、全国的に法務省が封印したいきさつがあるのです。明治以降の戸籍をみましたら、出身が士族とか華族とか、私どもは新平民と書かれているのです。明らかに部落だということを証明しているのです。付票にはご丁寧に《元新平民》と書いてある場合もあるのです。それらが昭和のつい最近まで閲覧が自由にされていたのです。

《穢多狩り》の話をしましたが、日本の旧陸軍の中の差別状態を描いた随分すぐれた作品が何編もあります。一番私がいいなと思うのは大西巨人著の『神聖喜劇』です。この中に対馬連隊の河本の百姓である上等兵の大前田えいじという人が中国戦線で虐殺をやっているのが出てきます。また彼が部落民兵士に対して随分酷な上官として対応しているのも出てきます。その旧陸軍の原型は長州藩です。その長州藩のことを、いま暇に任せて調べて書こうとしているのです。長州というと高杉晋作の「奇兵隊」が有名ですが、要するに高杉晋作をみな英雄だと思っているのですが、彼が奇兵隊を組織する時に《穢多》は外せということを書いているのです。吉田松陰の弟子で吉田稔麿というすぐれた男がいて、「維新団」や「一新組」などを部落出身者だけで組織しているのです。そして、幕府軍との闘いでは常に最前線で闘っているのです。そういう存在が歴史から消されているのです。

旧日本陸軍はとても残虐でした。朝鮮半島では、逃げ出してくる人々を全部虐殺したという事実を向こうの人は忘れてないのです。そういう思想的な風土的なものは部落を差別する《穢多狩り》のなかから形成されてきたものでしょう。

私は、兵庫県下の先生方にお願いして白書運動をしました。自分の学校での様々な教育上の問題や生徒たちが不幸せな状態に置かれていることについて、先生方が一番ご存知なのですから、白書にまとめてもらいました。それに基づいて就職闘争とか奨学金闘争とかを組みたてていきました。生徒の生活の実態に目を当てることから運動が始まるわけで、抽象的な頭の中だけでは運動は絶対構築できません。桃源郷の学校などあるはずがありません。生徒たちがどんな状態にあるのか、地域はどんな実態にあるのか。半失業状態の人が沢山ある学校とか、生活保護所帯数が多い地区とか、授業料の滞納者が比較的多い地区はどこなのかとか、進学率が一般の地区と比べて極端に低い地区とかを調べて、そういうのを白書で明らかにする。そういうのを担当教員の先生方にしていただき、何校かが寄り集まって、それを克服するためにはどうしたら良いのか具体的な問題に焦点を当てていただいたら、容易に部落問題にぶち当たるだろうと思います。

今日、阪神大震災で被災した部落の人の話を聞きとり、記録化した「天地砕けたれども、人として生きる」という本を持ってきました。タイトルは足尾鉱毒問題のとき谷中村で頑張った田中正造の日記からとって付けました。この阪神大震災のなかでも部落の人は悲惨な目に合うのです。災害というものは、地震の神様は平等なのですが、あとの後遺症は社会的弱者といわれる人ほど大きいのです。家が小さいですから直撃されたらひとたまりもない。経済的に弱っていますから家を建て直すわけにはいかない。立ち上がりも遅いのです。ですからいまだに学校で避難生活を送っている多くが部落出身の人なのです。そういうのを新聞でもＮＨＫでも一回も報道しない。だからみんな事実を知らないままで過ぎていくことになる。この本は、震災後に、比較的部落問題を考えたくない・考えようとしてこなかった学校の先生方、要するに伝統校の先生方を、各学校の校長に言って引っ張り出して、夏休み返上で調査記録してもらったものです。ここの先生方と同じように、部落問題とあまり関係なかった先生方が、真剣に被災した部落の人たちにマイクを向けて記録してくれた本ですので読んでもらいたいなと思います。

おわりに

最後に良い話をして終わりたいと思います。この震災の後、うちの高校の部落出身のYが、京都工業繊維大学に進学することになりました。彼は天涯孤独で、叔父夫婦に育てられていて、その家も全壊しました。彼は兵庫高校で被災地のボランティアに走り回っていました。推薦書が校長の所にあがってきます。担任は理数科コースの担任で三年間彼を立派に育ててくれたと思っています。担任は、名古屋大学出身の地球物理学専攻のエリートです。頭はよさそうですが、中身が脆弱なので推薦書を書き直せと却下しました。どこがあかんのかと言うので、「どこの生徒でも当てはまるような推薦書を書いてくるな」、「三年間、お前がこの生徒と関わったことを書かんか」と怒りました。「部落と書いていいのですか」と言うから、「書いてええ。彼は被差別部落出身でどんな人生を歩いてきたか、この三年間の中で大学を志望するのはどんな理由なのか、克明に書け」と言ったらそうしました。それを大学側に提出しました。

書類を出す際に、担任は「部落」と書いたらはねられるのではないかと心配しましたが、そのような時に他の校長と私がちょっと違うのは、「この大学がはねたらその大学を糾弾するまでや。嘘を書くわけではないのだから、この生徒は自分の大学にふさわしいかどうかを京都の大学は審議してくれるだろう。相手を信用して出せ」と言って出しました。めでたく合格でした。ところが震災のどさくさで家が壊れてしまっていますから叔父夫婦はお金がありません。私はYを校長室に呼んで、「部落差別とか貧乏から脱却するためには当面まわりを不幸にするかもしれないけれど、おまえは自分の才能を伸ばすために大学へ行け」と言いました。担任には叔父夫婦を説得させるようにしました。最初はもめましたが叔父夫婦も納得してくれましたので、今は奨学金をとって苦労しながら大学に通っています。ただ入学金を収めるのが一日遅れました。それはYがぎりぎりまで決断できなかったからで、私から大学に電話でお願いしました。「私も一緒に行って良いです」と言うと、「校長さん、それは結構です」ということで、学年主任と担任を送って五時間かけて京都まで行ってやっと入学許可をもらいました。

先生方が事実を事実としてはっきりさせてくれたら、生徒はそれに応えてしゃんと生きる道を見つけることが出来ると思います。ここの先生方が学校の実態を明らかにして具体的なことから手をつければ、学校は変るのではないでしょうか。期待しております。

（一九九五年十二月一日　石川県教委主催「第一回人権教育推進会議」講演より）

部落差別の根底にある意識構造

神戸市行政闘争

解放運動の新しい闘争形態としての行政闘争について、実際にやった者の経験談として神戸市行政闘争の話を少しします。

その当時の市長は原口忠次郎市長でした。おばちゃんたちと三ヶ月間市役所で座り込みを続けましたが、なかなか牙城が崩れませんでした。この間おばちゃんたちには市長の動向を逐一調べるように頼んでありました。

やっと市長が交渉の場に座るようになり、番町地区に市営住宅を建てる話が机上にのったのです。三ヶ月間の座り込み闘争で感じたことですが、ああいう時には男より女の方が頼もしいと思いました。男は二、三時間すると必ず動き始めます。おばちゃんたちは編み物をしたり、子供の世間話をしたりして絶対動きません。煮炊きもそこでするので中央市場に買い物に行ったり、おばちゃんたちには仕事が沢山あります。不法占拠ですから、ある時機動隊が来て法律用語を書いた張り紙をあたりの壁にべたべたと張って、不法占拠を解くように言い渡します。この時には座り込みを解かないとやられます。闘争では、リーダーがやられると負けます。おばちゃんたちはスクラムを組んで私を先に逃がしてくれました。結果的にはこの闘争は勝ちました。

もう一つ例をあげておきます。阪神高速道路のインターチェンジが新湊川沿いに作られる時の話です。新湊川沿いの堤には五千人くらいのスラムがありました。主に在日朝鮮人、沖縄から来た人、炭坑離職者が住んでいました。私はその当時番町支部の常任活動家でした。

毎週そこに放火があるんです。バラック小屋ですから火の手はすぐに広がります。消防自動車も意図的だと思うのですが遅れるんです。次の早朝神戸市の職員が来て、「ここは市有地につき不法占拠はまかりならぬ」旨の看板を立てて、杭を打ってまわりを鉄条網で囲ってしまいます。その時、私は終戦直後の神戸市長の緊急声明書を文書から引っ張り出しました。神戸は大空襲を受けていますから、一面焼け野原でした。神戸市は、「自分の生活を維持するためにどこでも家を建ててよい」という特別声明を出しているのです。それがまだ廃案になっていなかったので、当時炭坑離職者の人がそこに家を建てたのです。

不法占拠というのであれば、それに代わる市営住宅を用意するように交渉しました。今思うと、炭坑の入り口とかインターチェンジなど、広大な土地を要する所は近くに部落があるか、そこが部落であることが多いのです。神戸でいうと新湊川以外でも生田川インターチェンジには新川部落があります。農地改革の話の時に言いましたが、農民にとって土地は何よりのものです。ですから強制収用には抵抗します。そこを収用しても周りはあまり関心を持たない、抵抗の少ない所は何処かという民心の動向を国家はよく見ています。だから、部落等から広大な土地を接収する計画が立てられるのです。新湊川沿いの放火事件は、インターチェンジを作るために広大な土地を得ることが目的だったのです。私は、焼け出された人たちを近くの尻池東小学校の講堂に収容しました。約一年間それを続けて、その都度神戸市役所と交渉しました。そして、神戸市北区の西大池にある市営住宅に優先的に入居できるまで頑張りました。

解放運動を弱体化する負のベクトル

行政闘争の位置づけをしますと、差別事件を単にそれだけのこととして処理したり、差別した個人を糾弾するだけではなく、広く大衆を行政闘争に組織することであるといえます。行政闘争は、部落の生活そのものが差別を受けている姿であり、その劣悪な生活実態が一般市民の差別意識を助長しているという観点から政府・自治体の責任を明確にさせる方向を確立した点が重要です。

解放運動が政治運動化してしまって、本当に困っている人々の生活に目をむけないで、上滑りな状態で推移した時期がありました。オール・ロマンス闘争をきっかけとして、劣悪な状態のなかで部落の人々が苦しんでいる、その責任は国や自治体にあるのではないか、と方向転換したのが行政闘争だったわけです。それは今でも正しかったと思います。いっとき、差別事件を起こしたらそれを糾弾するだけで終わっていた時代がありました。一般の市民が、何故そういう差別観念を持つのかの原因にまでさかのぼって追求することをしていなかったのです。オール・ロマンス闘争以降、差別観念が生れてくる要因には自治体にも責任があるのではないかというように視野を広げられるようになりました。そういう形で闘われたのが行政闘争ではないかと思います。

一九六五年の同対審答申で、「部落差別が残っているのは国家の責任だ」と明記することにより飛躍的に地域の改善対策は進みます。

しかし、これも長続きしません。今から二十年くらい前から悪い芽が出てきました。中小企業にも同和更正資金としてお金が貸し出されます。一般の市営住宅も大量に建てられるようになりました。これら大衆的に闘い取ったものを個人の懐に入れるというだめな部分が出てきました。なかには暴力団が同和更正資金の窓口になって借りるだけ借りて、後は踏み倒すこともありました。神戸にも市営住宅があり、本当に困っている人たちが入る権利を獲得するのですが、本当に困っていますから部落内のボスがその権利を買い取ることも出てきます。高利貸をしているボスがそれを又貸しして、全く別の所帯が入居することになります。

本来行政闘争で勝ち取った成果が部落の人々に平等に行き渡らないという捻じ曲がった現象が出始めました。それが北九州市あたりで問題になりました。全国水平社の幹部が理論闘争に明け暮れて運動をサボっていたために運動が衰退したのと同じようなことが起こりました。新しく勝ち取った同和対策事業が進む過程で、住宅とか資金などを邪な連中が横合いから掠め取るという不幸なことが全国的に出始めて、運動が衰退するということが繰り返されています。

今年で時限立法である措置法が切れます。解放同盟は、全国的にみてまだまだ劣悪な状態のまま放置されている部落があるので時限立法を延長して欲しいという運動を展開しています。内部での腐敗とか運動の弱体化もあって、時限立法が延長される見通しは暗いと私は思っています。そうなってきますと、石川・富山・秋田・福島・宮城などの部落の人々は、今の劣悪な状態のまま差別の状態が続くことになると思います。

二十一世紀まで差別を持ち越さないというスローガンを良く耳にします。国の補助と自治体が半々という予算で新しい住宅や道路が作られるのですが、時間延長で法律が定められないとそれが出来ないということになります。全国的にみてまだまだ未指定の部落が沢山ありながら、ひどい状態のままこれからもずっと据え置かれるということになります。私は、見通しは暗い、二十一世紀になっても部落差別を無くす方向には行かない、しんどいなあと思います。

阪神大震災を部落問題として読み解く

今回の阪神大震災では、神戸市内の小・中・高校で部落を校区に抱えている学校には二、三千人の避難者が逃げ込んできました。私は神戸地区県立高校の同教の会長もしていますので、阪神大震災が起こってすぐに「部落の人たちは、半年経っても一年経っても自力で家を建てることは出来ないだろう。部落差別事件が起こるだろう」と県立学校の先生方に予想を立てて言いました。二月、三月の段階では誰も私の言うことを信用しませんでした。現実的には夏が過ぎ二学期になっても学校が正常化できない事態になってきました。兵庫高校（すぐ南に番町地区がある）では、九月二十六日になってやっと疎開していた一年生が本校に帰りましたが、まだ五十所帯も避難所帯がいるという状態でした。

私は、神戸市役所の同対室長や民生局長にも会いに行きました。「部落の人々は弱いのだから、学校に避難しているけれど早い時期に自力で家を建てることはまず不可能だ。職業は不安定だし、もともと家を借りて住んでいるのだから借地権などもない。だから元の家の近くに仮設住宅を建てなければ生活を立て直すことはまず不可能だ」と申し入れてきました。

一時期三十万人ほどの避難者が出た神戸市は、必要な数として三万戸の仮設住宅を建てました。しかし、神戸市の中心から離れた荒れ地に仮設住宅を建てました。生活がありますから雨露がしのげたらよいというわけにはいかず、そこは空き家のまま随分続きました。生活が本当に困っている人々のためにする方法はあるはずだと言って、「家がつぶれて空き地になっている土地を神戸市が買い取って市営住宅を建てなさい」と言いました。また「もともと神戸市には措置法によって改良住宅を建てる年間計画があるはずだから、それを前倒ししなさい。数百年に一度あるかないかの大災害なのだから、神戸市が英断を下せば国もそれに応えてくれるはずだ」と言いました。でもそこまでは行っていないようです。

仮設住宅は恒久住宅ではありません。三十万人が仮設住宅に入っていますので、いずれは恒久住宅に移らないといけません。今から一、二年先にはまた大問題が起こるとも言いました。行政の人も良く分かっているのに具体的な手だてをしない、そのあおりを受けて一番貧しい人々が一番ひどい目にあうというパターンになっています。

仮設住宅では残酷な事件が沢山起こっています。特に今回はお年寄りの事件が多かったのです。神戸市の西はずれにある地下鉄の西神中央駅近くの荒れ地に建てられた仮設住宅には、街灯もなければ道路もありません。近くに店屋さんもありません。八月のことだったと思いますが、一人のお婆さんが大雨の日に買い物に出たまま自分の家がわからず翌朝になって道端で死んでいるのが発見された、ということが新聞に大きく載りました。つい一週間前には人口島であるポートアイランドの仮設住宅で、一人のお年寄りが心臓麻痺で死んだのに、周りの人が一週間も気がつかなかったということが報道されました。仮設住宅に移ったのに生活のめどが立たないため、自殺したお年寄りもおります。このような事件が十数件あります。

こんなことが起こることは分かっているし、心ある人たちが対策委員会に要望書を提出しているのですが、一向に改善の見通しはたちません。いつもそうですが、一番貧しい人、一番困っている人の所に行政の手が伸びて来るのは最後かなと思います。報道も部落問題を中心に据えた報道をしませんから、行政はサボることになります。行政は事が公になれば動かざるを得なくなるのですが、こと部落問題となると、この国の知識人も動かない、報道機関も責任を全うしないということがあるのかなあ、と思います。新聞記者の中には部落問題を一貫して取材している良心的な人もいるのですが、新聞には載らない。部落問題をタブー視する傾向がこの国にはあるのだと思います。

一木一草、天皇制になびく

部落問題について誰もがパンドラの箱を開けようとしない。表面から問題を取り上げたら少しは解決の見通しも立つのでは、と思うのですがそうはならない。そういう日本人の意識構造の中に、天皇につながる正義感みたいなものがでんと居座っているのではないかと思います。それがなかなか部落問題を解決させない大きな壁になっているのではないか、と思います。

天皇制についていいますと、七世紀中頃に、天皇を唯一最高の統治権者とする国家が成立するんです。それ以降、現在にいたるまで天皇の子孫が日本国の唯一の統治者として、同時に最高の神的権威として君臨しているのです。

終戦の年、私は小学校三年生でした。中学校にあがっても校舎はありませんでしたから、小学校に間借りをしておりました。中学校を新しく作る時は、はげ山にローラーを引いてグランドを私たちが作りました。その当時、テレビのニュースに天皇の英語教師であるシカゴ出身のブラウン夫人がよく出てきました。天皇は小学校の時から英語の教育を受けていました。私たちはぼろ小屋同然のところで辞書もろくに使えない、うらやましいと思いました。

戦争の終わり、この前亡くなった高松宮というのが室内小学校に来たことがあります。番町地区を校区にもつ室内小学校に何故来たのかはよく分かりませんが、その時のことを私はよく覚えております。先生からは、「絶対に顔を上げたらあかん、最敬礼したままでおれ」と言われていました。市電通りから五百メートルほどある商店街は紅白の幕で覆われ、周辺の貧しい家は全部隠されました。校門からグランドに来る時は、足だけを見るように言われていました。見たらあかんと言われると誰でも見たくなるもので、私は顔を上げました。そのとたん後ろから思い切りぼかーんと頭を度突かれました。

もう一つは、市役所行政闘争をしている時のことです。天皇、皇后が但馬の植樹祭に来るということがありました。二十五、六年前のことです。私はまだ番町に住んでいました。

私の弟が尼崎西警察に勤めておりました。小さい時からよく私の家に遊びに来ました。当日、十八軒長屋の入り口に不審な男が五、六人たむろしていました。その中に弟の友達を見つけた母親のおきくさんが、大声で「犬猫の真似をすな。うちの秀秋が何か悪いことをすると思って監視に来とるんやろ」と怒鳴りつけました。後で言い訳がましく「上から秀秋ちゃんが何をするかわからんから監視せいと言われた」と言っていました。私は、その当時から要注意人物だったのです。かつて水平運動のときにあったように、戦後でもそうなっていたのかと思います。自慢で言っているわけではなく、部落の人間が頭を切り替えて本当のことを言い始めたら、この国では危険人物とみなされるということを申し上げているのです。

九十日間県庁で座り込んだ時、昼ご飯を食べによく行く食堂とか、夜いっぱい飲みに行く飲み屋などでは全部写真が撮られています。これも県警に柔道の練習に行っていた後輩の先生から、「警備課長からスナップ写真を見せられ『これ知っているか』と聞かれましたが、先輩が写っていましたよ」と後から聞きました。そういう人間ですから、天皇、皇后が来た時には危険人物としてあらかじめマークしたのかと思います。

この国では、いまだに天皇に関して正確なことを言ったり書くことをタブー視する傾向があります。それはよくないと思います。

この国では、紀元五世紀頃に大和（今の奈良地方）を中心に豪族の連合政権が成立しています。六世紀には日本列島の大部分を支配していた神の子孫とされる家系のものが世襲していくようになります。彼らははじめは天皇とは言わず、大王《おおきみ》と言っていました。天皇と言う称号はもともと古代中国の称号で、それを自分の称号として使うようになりました。七世紀頃から、唯一最高の統治権者として君臨するようになりました。

明治天皇から戦前まで、天皇はシャーマニズムと土俗的な神の混交の上に絶対君主制を敷いてきた、世界でも稀な絶対君主でした。戦後もそういう神的な存在としての位置づけはゆらいでいないようです。天皇制を見る場合、大体四期くらいに分けられるようですので以下、板書します。

天皇制の時代区分

第一期（奴隷制が支配的な段階）大王が天皇を称するようになった時代から、十二世紀末鎌倉幕府（最初の武士階級政権）の成立まで。

第二期（封建制が支配的な段階）鎌倉幕府、室町幕府、戦国時代、徳川幕府を経て、明治元年に新たな天皇政権がたてられるまで。

第三期（資本主義と半封建的寄生地主制が結合した段階）明治の天皇政権成立から、昭和二十一年日本国憲法が制定されるまで。

第四期（資本主義とくにその最上層の独占資本が支配的な段階）現在まで。

・第一期と第三期は、天皇が日本国唯一の最高統治権者であり、神的権威とされているのが共通。

・第二期と第四期は、統治者ではないが統治者を権威づけ、正当化する最高権威とされている点で共通。

日本の天皇制に大きな網をうってみるとこのような見方がほぼ正確ではないかと思います。戦後、農地改革などがあっても象徴天皇制として残っています。いま日本で一番の大地主は誰だと思いますか。やはり天皇家なのです。ここだけは農地解放が及ばなかった。考えると不思議なことですが、天皇家は広大な土地を所有しております。

天皇制の特徴

これから天皇制の特徴について述べます。

一つめの特徴は、万世一系といわれているように古代奴隷制から独占資本主義まで存続しています。これは世界史でも珍しいことです。万世一系というのは血のつながりということです。これも世界史のなかで非常にまれなことです。

二つめの特徴は、天皇は日本国創造の神の子孫である、現人神であるということです。天皇は象徴であるのだが、彼を現人神として敬う気風はいまだに残っています。戦争中は、日本国民は現人神の赤子と位置づけられ、赤子は天皇のために勇猛果敢に死んでいきました。戦後、国民主権になりながら被差別部落に対する穢れ意識が消えないように、日本国を造った神の子孫としての現人神という意識があります。現実に君主が現人神とされているのは日本の天皇制以外にはありません。ヨーロッパのキリスト教国家の場合、君主といえども神の前では一般の国民と平等だということになっています。

幕末の討幕運動の時も天皇制は生きております。三百年続いた徳川幕府を打ち倒すために、大久保利通、西郷隆盛、木戸孝允等が最後の将軍である徳川慶喜を京都に引っ張り出して大芝居を打ちます。徳川幕府は崩壊寸前といいながらも強大な軍事力を持っていました。それを打ち負かすために天皇の神的権威をフルに利用します。彼らの談合記録をひも解きますと天皇のことを玉《ぎょく》と言いながら、「玉をこちらにつけるか、あちらにもっていかれるか。」という話が何回も出てきます。徳川幕府の時は天皇は統治権を持っておりませんから、単なる飾りものにすぎません。ところが、徳川幕府を権威づけ正当化する最高権威という意味で天皇は確固としたものを持っておりました。その部分を最大限利用して大博打を打ったわけです。そのために朝廷内で中心的に動いたのは岩倉具視でした。

どういうことかというと、上賀茂神社とか大和の春日大社などに天皇を巡幸させます。建前上、日本の君主は天皇ですから、天皇が巡幸する場合、徳川幕府は出張っていかなければなりません。上賀茂神社では天皇が上に座って、将軍が下で恭順の礼（臣下としての礼）をとらなければなりません。もし出て行かなければ反逆ということで、薩摩藩や長州藩に理があることになる。うまいことをするものだと思います。

天皇を自分たちの御印とすることで、自分たちに正義、すなわち大義名分を打ち立てられることになります。新潟や東京で官軍が旧幕府軍を打ち破る時、正義の印としての御印、いわゆる錦の御旗をかざして闘います。今でも大義名分があることを錦の御旗を振りかざすといいます。

つまり日常の隅々にまで、天皇制のこういう意識が国民に染みついているということだと思います。

逆に言うと部落に対するケガレ意識も日常の生活の隅々にまで行き渡っていると考えてよいと思います。天皇が良であり、対局の部落が悪であるという構図が日本国民の深層心理にあると考えざるを得ません。

私は、天皇制がなくならなければ日本の民衆は本当の意味で平等に生きられないと思っています。良民がおり、賤民がおるということがなくならない限り、本当の平等は来ないのです。水平社運動の「水平」という言葉は今言ったことから来ているのです。

（一九九五年十月、宮城教育大学・人権教育講座記録より抜粋）

私の学校づくり

私が校長として神戸甲北高校を総合学科の高校にしたことと、石川での講演で述べた部落解放運動をしてきた西田と、神戸市の行政闘争をしてきた西田を別に考えてもらっては困ります。そういう私の前提があったからこそ神戸甲北高校を総合学科に変えたのだから、はずして考えてもらっては困るのです。私のような者でも県立高校の校長になれるんだということがわかってもらえればそれでいいのだと思います。

そういう意味で、この本は管理職の入門書でもよい、この本を読んで管理職になって学校を変えてみようという人が出てくれたら本当に良いと思います。

湊川高校時代

なぜ管理職になろうと考えたのかというと、それは湊川高校時代に戻ります。湊川高校では平教諭で教務部長を長く勤めましたが、教頭代理の仕事をしていました。その時の校長先生が川村治之先生でした。その川村先生の就任祝いのとき、私のほうから「よろしくお願いします」と挨拶に行きました。その時川村先生が「西田、お前、私が何故湊川にきたのかわかっとんか。私はお前を飛ばしにきたんや。それが私の任務なんや」と言われました。川村校長という人は面白い人で本音をズバッと言ってくれました。湊川で仕事をしているときに、学校の行事からカリキュラムまで全部私が組んでいました。出来上がったものを校長室に持っていくと「君が良いと思ったことは全て私が責任を取る、学校長というのはそういう仕事だ。私がお前の尻拭きを全部するから」と言ってくれました。川村校長は、こういう問答からも私に絶対的な信頼を置いてくれていたと思います。「暇があったらわしの所にきてお前のことを言うとった」と教育委員会の幹部の人から聞いたことがあります。

私はそれまでずっと陰で仕事をしてきました。しかし陰では思いきった仕事ができないのです。だから表に出ないとあかんと思いました。それで教頭試験を受けました。

教頭試験の当日神戸高校の校門をくぐるところを写真に取られ、「解放研の闘士の西田が教頭試験を受ける」と写真入りで新左翼の機関誌の「交流」という雑誌に書かれ全県下にばらまかれました。教頭になろうと決心したのにはもう一つあります。前に長田高校の校長をしておられ、校長協会の協会長もされていた増井朗先生という人がおられて、私をずいぶん買ってくれていました。その増井先生が「管理職になれ、そして君のしたい学校づくりをせい」と言ってくれました。

いま不登校の子とかで教育が困難になってきていると思いますが、当時の解放研のときに言っていたことを多くの先生方が今やってくれていたら混乱しなくてもすむのにと思います。学校に来られない子のために今何をしないといけないのかをずっと言ってきました。そのための実践集団として解放教育研究会があったのです。私はその時の事務局長でした。いまでも私らのやってきたことはぼけていないと思います。今の兵庫県教育委員会の大幹部たちは、その時の私の動きを良く知っていたと思います。

湊川高校のとき番町の子達が一番荒れたときは、それは半端じゃありませんでした。普通の教師では止められない。でも彼らは私には絶対手を出しませんでした。湊川高校で「落第生教室」を作ったのは二回ありました。二回目の時のことを言いますと、私が県神戸同教に出向に出ている間、進級ができない生徒が二十数人出ました。分会会議で話を聞いていきますと、要するに先生に対する態度が悪い、先生をオンドリャ、ソンドリャといって先生と思っていないというわけです。それで「落第生教室」を作って藤本和男先生に担任になってもらいました。湊川で唯一の医学博士で本人もそれが自慢だったようです。「藤本先生、お前一人でやれるか」と聞きますと自信なげだったので「私が副担任で入ってあげようか」といって教師になって始めて副担任になりました。

メンバーの中に朝鮮人の三姉妹の一人が居りました。そのうちの一人は鬼塚ゴム（いまのアシックス）の研究所に入っていました。彼女たちは頭は切れるし口もたつ、少々のゴンタはこの子たちにかかったらあかんのです。その子たちに私は「まず、学校に来い」、「先生に対して、こんばんは・さよならとあいさつせよ」、「教室を掃除せよ」と約束させました。そしてそれができたら私が責任を持って上に上げる交渉をするからと言いました。大将格の生徒に「お前がこの中の委員長になれ」、みんなのいる前で「立て！」と言ったら立ちました。「こいつに俺がいろいろ言うから、みんなこいつの言うことを聞け！」と言ったら、みんな拍手しました。「委員長！」とヤジも飛んでいました。それからクラスがうまいこと回りはじめました。このクラスは一番穏やかな良いクラスになったと思います。

子供たちは、先生が信頼していたら荒れないと思います。湊川の子はいろんな意味でスケールが大きかった。

この間神戸中央市民病院に行った時、「先生！」と遠いところから声をかける者がおりました。「先生、何しとん」、「何しとん言うて、この姿見たらわかるやろ」、「先生もしまいか」、「縁起の悪いことを言うな、これからじゃ」という会話をした事があります。どこにおっても声をかけてくれるのはありがたいと思います。玄関口で「身体悪いいうても少々の事でへこたれるような先生ちがうやろうがい、頑張らなあかんやろうが」と声をかけてくれたのが藤田謹也でした。

私の関わった部落の子は、あちこちで部落解放同盟の支部長等になっているのがおります。やっとこのごろそういう動きが出てきました。部落解放同盟の番町支部長になった人もいます。この男は初めは湊川高校の生徒とちがい、授業を邪魔に来ていました。夏になったら暑い。番町の川のすぐ上に学校がある。授業中廊下を異様な姿で通っている。その時の侵入者を先生方は止めませんでした。その中で「お前ら、ほんまに勉強する気やったら試験受けるか」と言って誘いました。まさか学校に来れるとは思っていない連中だから夢みたいに思ったのでしょう。その中の何人かが「西田先生、ほんまに受けられるんか」と聞くから「受けていいで。ただし、八百長なしやど、試験は本格的に採点するからな」と答えました。最低限読み書きが出来ないとだめです。それで三人くらいは入ったのと違うでしょうか。立派な学校構えて、それだけでは学校と違うと思います。教育いうのはそういう風にしたら良いのと違うのかと思います。今でも周りが全部見放してしまい荒れている子らが十七歳で沢山おります。あの子らの中にまともに教育したらまともな人生を生きられる子が、何人もいると思います。

昔、尼工（兵庫県立尼崎工業高校）で一斉糾弾がありましたが、その直後講演に行ったことがあります。体育館の最前列で何人かが足組んで喧嘩腰でした。私も喧嘩腰で上に上がっていました。「こいつらになめられたらあかん、けんかする時ははじめにやってまわなあかん」と思っていました。ゴンタがその列の中にいるんです。神戸・阪神間で名前を聞くだけでびびるようなゴンタがおりました。私が講演するというので、一番前で足組んでいるわけです。上から「お前ら、人の話聞くのにそのポーズは何や。もう少しまともに座られへんのか」それが私の話の始まりでしたから、ちょっといつもの講師と違ういうのが分かる、自分らと同類やということが分かるから、それから静かになりました。それから話をしました。

その一人、金在徹も大物でした。ごっつい柄の大きい奴で、岡山の全国部落解放青年集会に連れていったことがあります。帰りに担任の池内先生と朝見先生と金在徹を、駅前の焼き肉屋に強引に誘って話をしたことがあります。番町の朝鮮人の子と一緒で、恩を受けたらいつか必ず義理を返すところがあります。三宮の飲み屋に誘いに来ました。「なんでそんなことするんや」と聞きますと、「義理かえさなあかんやないか」それで私は気持ちよく付き合いました。「何を注文しても良いから……」と言いました。そんなところがあります。

管理職でないと出来ない仕事

管理職でないとできない仕事があるから校長になろうと決めたその一つのきっかけは朝鮮語です。湊川高校に朝鮮語の先生として林《りん》大造（金時鐘）先生を迎える時、その当時林《りん》先生は同志社大学の講師でした。林《りん》先生は今の北朝鮮の元山の師範大学を出ているのですけど、日本ではその大学卒の証書はただの紙切れと一緒、教員資格が無いのです。その時、文部省まで行って林《りん》先生を実習助手にしてくれたのが桜井高校教職員課長です。劉《りゅう》先生を同じように常勤講師にしてくれたのも桜井高校教職員課長です。桜井先生は長田の先生をした後、高校教職員課長になられた人で、後に高等学校長協会長になられました。

湊川高校で教務部長をしていた時、聾学校の高等部の生徒を湊川の生徒にしたことも、湊川のためにも良いと校長に進言しましたら、「お前が責任もつんやな」と言われたので、「私が責任もつ」と言いました。そして聾学校の子は定時制高校に来れるはず無いんですけど入れました。朝鮮高級学校の生徒を日本の高校に受け入れるようにしたのも兵庫県下で湊川が最初です。三重大学医学部に行った辛《シン》君も、もし湊川に入っていなかったら医者になれなかったと思います。夜間中学を出て入学してきたのが朝鮮人のおばちゃん達でした。後盾の川村校長先生は「西田、それでええで」と言ってくれました。やっぱり大物だと思います。そういう人がいなかったら私の仕事は出来ませんでした。いま自分が校長になってみて分かることですが決済するのは校長なわけでいくら立案できても校長が判を押さなかったら教育委員会は受け取りません。

私が校長になろうと決めた時に、湊川の分会員の前で「これからは陰の仕事はやめて表に出るからな、管理職試験を受ける」と言いました。だから「交流」で写真が出た時は本当に腹が立って頭に来ました。やっていることは校長になってからも一つも変わっていないわけです。今度この本が出たら、「運動を裏切って西田は管理職になった」ということへの反論になると思います。

東灘高校時代

湊川高校から教頭候補として東灘高校に行きました。東灘高校の生徒指導部長のときには、生徒が鬼と仇名をつけていました。私が廊下に姿をあらわした途端廊下がシーンと静かになりました。だから時々やかましいと思ったら、上に上がっていって廊下を歩くことにしました。「あいつが来ると恐ろしい」ということをゴンタはよう知っていました。そうですけど生徒を一回も殴ったことはありません。

ある教師が黒板に書いてあった差別発言を消し忘れたという差別事件がありました。その先生を殴ってしまったのが新川出身のラクビー部のキャップテンをしていたHでした。ラグビーではオール兵庫に選ばれるほどの優秀な生徒でした。私は校内の部落出身の生徒を週に一回集めていました。Hも時々来ていました。彼が結婚差別を受け、卒業後に彼女と一緒に相談に来たことがありました。波風の無い学校で、その中で週一回部落の子や朝鮮人の子を集めていました。

京都大学を出た東灘高校の藤井修三先生は私をずいぶん大事にしてくれました。あの先生が亡くなる寸前、県立西宮病院に入院なさって胃がんの手術をされました。見舞いに行った時「西田、後にも先にも最初で最後と思うから一辺見てみい」と胸をあけて手術の後を見せてくれて「お前だったら学校を建て直しすることができるから頑張ってくれ」と言われました。あのときの藤井修三先生が私を随分推薦してくれていたと思います。東灘高校で私が教頭試験に通るとは思っていなかったけど藤井先生の推薦があって通ったと思います。

北摂三田高校時代

私が北摂三田高校の教頭になったのは一九八九年です。井野教育長の前に前川校長と私が呼ばれて「彼が今度君の高校に行く西田君や。仲良くやってくれ。握手せい」と言われて握手しました。

それが私の教頭就任式でした。北摂三田高校にはあの地区の中学校で一番の子が入ってきます。女の子が中心でしたけど中学校でめちゃくちゃの秀才が入ってきました。それを入学式で成績順にクラス分けしてるから、一番できる子のクラスの担任は頑張れるけど、そうでないクラスの担任は腐ってしまいます。そういうクラス編成を私は変えてしまいました。

部落解放同盟三田支部には解放運動を教えた活動家が沢山いました。Fは解放同盟兵庫県連の執行委員をしていました。そのFが私が学校の校門を掃除しているのをずっと見ていて、「三田まで学校の掃除しに来たんか」と皮肉言うから、みんなの見ている前で「じゃかましいわい、このダボくれが」

と怒鳴ったことがあります。上品で進学校で通っている北摂三田高校の教頭が「じゃかましいわい、このダボくれが」と怒鳴ったものだから一辺に噂が広がったことがあります。PTAの執行委員の中にDさんという解放同盟県連のおばちゃんがいて、その娘さんはめちゃくちゃ頭の良い子でした。神戸大の法科を出て法務局に行っているのと違うでしょうか。

私は校務員さんとか裏方の人をずっと大切にしてきました。校務員さんはめちゃくちゃ味方になってくれました。私が神戸甲北高校に移ってからのことですけど、そのおばちゃんから家に電話があり、「親戚の娘が関東からこっちに来たんやけど神戸の高校でどこへ行かしたら良いのやろう」と聞いてきたことがありました。普通なら進学校の長田高校を薦めるでしょうが、わたしは「あの長田はやめとき」と言いました。私は昔から馬鹿にしていました。組合活動をしていたときも一番眼の敵にしていたのが長田高校です。八鹿高校差別事件のとき、県神戸同教が県庁の南庁舎にあったときですけど、あとで長田の校長になった男から家に「いいかげんにおとなしくせい」という電話がありました。録音をとっていたから、その録音を聞かせて「いいかげんにおとなしくせいとか言うとんのお前の声やな。こんな卑怯なことをするな、正面からかかってこい」と言ったことがあります。労働運動を激しく戦っているときにボス交（まじめな話をしているんですけど）をしているんだから、組合の連中が私を眼の敵にするのもわからんでもないのです。私はいままで一度も寝返ったことはありません。いつも労働者の側で考えてきました。どうしようもないUが首になったことがあるのです。それでも復職のためにいまは病気になってしまった前田伸一郎さんと何遍も東京を往復しました。

八鹿高校事件のとき、解放同盟が暴力事件を起こしたという声明が出て、その声明文を撤回させるために動きました。その声明文を書いたのは日教組に出向していた教師ですけど、彼は共産党員でした。私もその当時共産党員でした。元町の共産党県委員会に怒鳴り込んだことがあります。共産党の中にもいい人もおりました。幹部席に座ったこともありますが、いくら腐っても外には漏らしたことはありません。内部で戦いました。

前川校長の後に小島校長先生が来られました。小島校長先生はいい先生でした。小島校長先生を迎えに行ったとき、みんなに「この先生のおかげで北摂三田はもっとる」と言われました。小島先生は事前に調べていたと思います。校務員さんの中にも解放同盟員がおりました。その中に県庁前での百日間の座り込みに参加していたおばちゃんが一人おりました。五番町二丁目のおっさんも校務員さんでおりました。私は校務員さんを大事にするので私を大事にしてくれました。私が湊川時代からずっと一番下積みの人を大事にするというやり方をしてきました。神戸甲北高校でも一緒でした。

伊川谷高校時代

私は教頭のままで伊川谷高校に行かされました。伊川谷に行った後、教頭会で「西田、ようあんな高校に行ったな」と言われました。どんな学校か知らなかったけど、窓からパイプ椅子が飛ぶ学校とか、周りの教頭がめちゃくちゃ言っていました。教育委員会は私がいるというので伊川谷に週休二日とかのモデルをどんどん言うてきたと思います。校長はぐらぐらして何かあると「西田君、これどないしようかな」と聞いてきました。

神戸甲北高校時代

六番町の幼なじみの溝口さんが、「昔の非行少年、西田秀秋ちゃんが学校長になるいうて誰が信用するか」と言っていましたが、それは本当だと思います。神戸甲北高校の時、地下《じげ》の女の子を校長室に呼んで、彼女たちの前で朝鮮の子に説教する時でも条理を尽くして「これこれやから朝鮮人は余計なことしたらあかんねんや」と言うと真剣に聞いてくれていました。脅かしているんと違う、私が番町の人間だということを知っているからだと思います。

沖縄の修学旅行に行く前に悪いことをして、学校の規則では修学旅行に参加できないということになっていました。朝鮮人一人と部落出身の男の子一人と二人おりました。校長室に部落出身の子と母親を呼んで「私は六番町の西田秀秋ですが知っていますか」と聞くと、知っているとも知らんとも言わなかったけど、何の話かピンときているから「この子地下《じげ》の子でしょう」と聞くとうんと言っていました。

それで、私が部落の子がどのクラスに何人いるのか調べるようにと仲間の先生に言って調べさせました。それで校長室に一度集めてもらったことがあります。校長が部落出身の子を集めて部落研を作ってよいと言っている、後盾が出来とるんだから後は動けばよいわけです。神戸市内の全日制の進学校で部落出身の子を集めるなんてことは普通はありません。

朝鮮人の子も入学してきた時、応接室にわざわざ集めて親を同席させた上で、主だった先生に同席してもらって「この学校では本名を名乗ってもろうて良いんですよ。これからもこの方針で行きますから、朝文研というのをやりますから、先生達から言われたらおうちでも行け言うたってください」と子供たちの前で親たちに私が説明しました。親の中にはいろいろな考えもあって正直に帰化も考えているという母親もおりましたから「私は帰化をやめときとは言いません。単に帰化するということではなく、朝鮮人としてどう生きていったら良いのかを考えてもらっても良いのではないですか」と話をしたことがあります。名波先生のクラスの子が韓国の梨花女子大に行くこともありました。

神戸甲北高校の校長になって、脳梗塞で倒れてこんな身体になってから、会議室は三階にあるので、そこまで行くのが一仕事でした。三階に上がって席につくとある程度精力を使い果し、これから論争するのかと思うとぞっとしました。生徒が階段の途中で、「先生お手伝いしましょうか」と言ってくれるのだけど一人で汗みどろであがって、なぜ神戸甲北に総合学科を作るのかを説明しました。「神戸では子供たちが少なくなってこのままでは廃校に追い込まれるのだけど、先生方はそれでもいいんやな」と話したことがあります。本当にその通りになっています。

蔭山高校教職員課長（現教育次長）に、「以前の神戸甲北高校よりレベルの下の学校を作るつもりはないんです。もっとレベルアップした高校を作ろうと思うているんです」と言って怒られたことがあります。蔭山高校教職員課長は近藤教育次長に「近藤先生、西田がねろうとるのは、近藤先生間違うてるのと違いますか。西田は兵庫高校や長田高校と肩をならべる学校をねろうとるんと違いますか」と言われたことがあります。まんざら嘘ではないことで、通らなかったけれど推薦入学の原案でそういうことをねらっていました。長田に行くべき子がうちに来ても私はかまわない、第二学区を変えないとだめだと思っていました。そしてある程度目的は達しました。玉津（リハビリセンター）に入っていた時、どなたかが「西田先生、えらいことになっていますよ。長田へ行けるような子がようけ入っていますよ」と言いに来てくれたことがあります。確かに優秀な子が沢山入っていました。学校を百八十度変えるということはどえらいことなわけで、すっと来たわけではないのです。親の中にも抵抗する親がおりました。制服の時に親は手ぐすね引いて待っていたと思います。稲園高校と同じようなことが神戸甲北高校でも起る可能性があると思っていました。

神戸甲北高校にインドネシア語とベトナム語を入れることにしたいきさつを言います。北摂三田高校の時、ＰＴＡの役員で工場を経営している人がおりました。その人が「安く使うんやったら、西田先生、今はインドネシアですね。韓国は賃金が高くなってだめですね」といかにも相手を馬鹿にしたように言いました。嫌な人でした。インドネシア語を置いたのはベトナム語と共通していることですが、相手を理解しようと思ったら言葉が分からないといけないと思いました。朝鮮語を湊川で置いた時と同じです。当時の梶谷教頭に大阪のインドネシア領事館まで先生を探しに行ってもらいました。三人来てもらい校長室で会って、きちんと勉強しているというので女の人に決めました。

ベトナム語の先生はサイゴン大学を出た年配の女性に決めました。中国語の先生は、神戸甲北高校のＰＴＡの人たちに土曜日毎に中国語入門講座を教えてくれていた人にお願いしました。良い先生でした。関西学院大学の留学生で上海の毛沢東が出た同じ中学校を出た先生で「中国語を教えてください」と頼みました。その先生を通じてその中学校と姉妹提携校を結びました。私は上海に行くつもりでした。病気のために未だにそれが果たせていません。教育委員会は神戸甲北高校に総合学科をさせることを期待していたと思います。兵庫県下の高等学校がずっと変わり始めた一番最初の先端を担ったのが神戸甲北高校だと思っています。それも既存の施設を使って総合学科に変えました。福島あたりでは何億もお金をかけて総合学科に作り替えた学校もあると聞きますが、お金をかけていません。

次長室で近藤次長と会話を交わしたことがあります。「西田、私が次長の時何をやったかな。高橋さんは報徳高校の校長でその前は地域改善対策室長だった人でよく喧嘩した。あの人は理数科コースなどを入れた。私は何も入れていないからな……。」と独り言のように言われたから、「後世の人は神戸甲北高校を総合学科に変えた人と言いますやないか。そやから神戸甲北高校の私が出している案を教育委員会も一辺腹据えて検討してみてくれたらどないですか」と推薦制度のことで話をしたことがあります。それが兵庫県下のあちこちで変革が始まっているはしりになりました。

神戸甲北高校が総合学科に決まる前、新任の校長が来ているのに文教常任委員会が一年間で五回もありました。通常は三年とか五年に一回の割なのでこんなことは異例なことで、事務室などはかわいそうなくらいピリピリしてへとへとだったようです。常任委員会というと国会の予算委員会みたいなもので、各党の常任委員がずっとそろって、私がすべて対応しました。全部パスしました。そして県下の高等学校で総合学科第一号となりました。

総合学科の導入と教育改革の意図

はじめに

私は、一九九九年三月に、兵庫県立神戸甲北高校の校長職を最後に退職を迎えた。この学校は、私の教職生活の中で、最も私の思想と私のそれまで培ってきた教育の理念を全力投入できた学校であった。私は、私の教育の原点であった兵庫県立湊川高等学校（定時制）での、子ども達に真正面から立ち向かい合い、子どもを鍛え抜く教育姿勢は、その当時の教育運動を領導する橋頭堡たりえたが、その後は、少数者による教育実践活動という本来の姿に戻ってしまった。あの時代は、日本全土に熱風が吹き荒れた。理想を語るものの時代であった。重たい現実が再び勢力を拡大し、秩序を回復せんと強靭な意志力を発揮すると、熱に浮かされた烏合の者どもは急速に逃亡を始めた。私は、現実の側に身を置き、そこでの地道な変革の道を選んだ。理想を説き、敗北の美学に自己陶酔する者どもと決裂した。

荒れすさんだ生徒たちを愛し、心と心をぶつけ合う教育現場での日常を、常に我がものとする教育実践にこそ、私の使命がある。その現実の切実な課題からの脱落は、私には許されなかった。しかし時流に乗るだけの烏合の輩にとっては、勁い意志力と不屈の精神力が必要とされる教育実践からの脱落は、必然の帰結であったかもしれない。

胡散霧散を非難しても始まらず、それだけの思想性ゆえのものであり、問うべきは、また責められるべきは、自らの内の求心力を持ち得られなかった運動としての組織力の欠如であった。この言い方も他人事である。それは、この総括の視点自体も、私と無関係なところのものだからである。私は、もはや「教育は運動ではない」との結論を出していた。冬の時代に対処する姿勢が異なる。決して敗北主義の遠吠えをせず、理想と夢を内に秘めて、冬を乗り切る姿勢を私は選んだ。

「冬を乗り切る」との選択は、私に日々の教育実践への回帰こそが課題であるとの結論を示した。自らの教育実践で自らを鍛えていく戦いをこそなさねばならない。それが、原点からの再出発であるとも考えられた。

湊川高校の教育思想は、それ以後も、心ある教員の内に、脈々と流れ、地道な実践が全国で継承されている。この書は、そういった各地で湊川を忘れずに奮闘している諸兄姉への私の最後の檄文である。

私自身、公立高校の教員としては、何人も避けられない人事異動の結果、その後何校かを経て、これから述べる兵庫県立神戸甲北高等学校の校長職に就いた。私の原点は、あくまでもあの湊川であり、その教育思想は、今も私の体内を血流する。

本書は、私の最後の砦とした兵庫県立神戸甲北高等学校の四年間の改革の記録を呈し、湊川の教育の私なりの継承と発展を述べたいと思う。

兵庫県立神戸甲北高校と私

兵庫県立神戸甲北高校は、一九七〇年代初頭の新設校ラッシュの頃に設立された全日制普通科高校であったが、一九九七年に二二年間の「普通科」に幕を下ろし「総合学科」に改組した。

私は、この神戸甲北高校に、第八代校長として、震災の前年の一九九四年四月に着任した。以後、四年間の在任期間中、兵庫県下の教育改革の先鋒としての教育改革を進め、「総合学科」への改組に取り組んだ。神戸甲北高校は、現在、「総合学科」高校として、全国から注目を集める学校であるが、その総合学科としてのパイオニアの礎を築いたと自負している。

当時の文部省の強い要請と県教育委員会の後押しがあったからとはいえ、着任したての校長の一存で、簡単に「総合学科」への改組・改変ができるものではなかった。また、単に神戸甲北高校の校内議論だけで推進できるものではなく、高校教育改革がまさしく打破すべきこととしている学区の秩序(序列意識)や高校選抜制度にも影響をもつことであり、地域や社会にも波紋を生じ、教職員組合や地域との軋轢等も生じることは必然であった。それらの一つひとつを丁寧に処理し克服し推進していった。

その過程にあった一九九五年一月に、阪神淡路大震災が起こった。神戸甲北高校の位置する神戸第2学区は、激震地である長田区の一部や兵庫区全域、そして比較的被害が軽微であった北区を中心とする学区である。震災当日から生徒の安否確認、教職員の安否確認を急ぎ、学区の状況を把握する陣頭指揮に立った。幸い、生徒及び教職員の犠牲は出ず、心を撫で下ろした。しかし、保護者や兄弟姉妹等の犠牲がでた生徒は数多くいた。また、住居が全壊・全焼、半焼・半壊した生徒は、約⅓に上った。学校は、静岡県警など県外各地から派遣された機動隊の基地となり、また生徒へは炊き出しを行うなど、震災後の混乱の状況に身を挺した。教育の場に足を据えつつ、私の職務で可能な限りの救援活動と復旧活動に携わった。

この震災は、地域に平等に被害を与えた訳ではない。山と海が迫る細長い幅数キロの沖積地域の中腹を東西数百メートル幅で激震が走った。なぜか被差別部落は悉くその帯の上に存在した。私の生育した部落もそこにあった。また、貧しいものに被害を多く与え、貧しきものは貧しきゆえに立ち上がりも困難であった。老人、障害者、在日外国人という社会的弱者に、震災は厳しくあたった。私は、私が会長を務める神戸地区県立学校同和教育研究協議会のメンバーを動員し、部落、在日朝鮮人、ベトナム難民の人々を対象とした聞き取り調査を進めた（これは、『天地砕けたれど人として生きる——震災下における被差別民衆の生き抜くことの記録——』としてまとめられている）。震災は、私がすべきことが山積みであることを示し、私はまだまだやるべきことがあると奮い立った。

この震災後の混乱のなかでも、私の教育改革の夢は更に大きく脹らんでいった。ますます、教育を変えなければいけないとの思いは強くなった。総合学科への改組は、震災のために一年の遅れとなった。私にとっても、震災への対応に翻弄させられた一年であり、仕方がないことだと考えた。しかし、この期間にベトナム難民や日系ブラジル人等の「新渡日」（ニューカマー）の問題も学んだ。また、

「生きる」ことの原点に立った教育が必要であると再認識し、総合学科の教育課程等の構想に大きな幅を持たせることに繋がった。

総合学科改組の前年である一九九六年六月、私に突然、病魔が襲った。校長室での職務中、脳内出血で倒れた。震災復興と総合学科への改組という、大きな二つの課題を同時進行で処理対応する激務が、強靱な肉体との自惚れを木端微塵にうち砕いた。二ヶ月間、私は生死の境にいた。以後、十ヶ月の療養生活とリハビリで、杖を片手に立ち上がる状態にまで戻った。今現在も、車椅子生活の身の上になっている。今、思い起こせば、何という意志力かと我ながら驚く。私が職場復帰するなどということは、誰もが予想することができなかった状態であった。通常であれば、私も職場復帰は諦めたであろうが、私には、私の教育理念を完成させたいと思う夢が大きく存在した。病床のなかで、動かない半身に歯がゆく思いながらも、頭脳の明晰さだけが救いであった。

一九九七年春、車椅子の校長として、総合学科一期生の入学式に立ち会った。私は、復帰を決意し、病床から指示を行った。優秀なスタッフに恵まれ、開設準備は堅実に推し進められた。車椅子の校長の存在が受け入れられる学校、そして車椅子の人間や障害を持つ人間が普通に暮らせる社会のためにも、私は校長職を全うするため己に鞭をうち続けた。

総合学科は、戦後教育の地平であった横並び一斉をうち砕き、「違い」を肯定する教育の創造を理念として掲げている。これまでの「違い」の芽を摘む、悪しき平等主義こそ、撃たねばならない。在日朝鮮人生徒を、「日本人」生徒と平等に扱うことを善とする教育は、まさしく戦前の同化政策の継承である。障害という「違い」、外国籍生徒の「国籍」という「違い」、「違う血が流れる」などの偏見で合理化する部落差別等々、排除の論理の根底にこの横並び一斉の思想が存在する。部落差別は捏造した「違い」であるが、差別と排外のこの思想こそが人々を地獄に落とし苦しめている。己に対する誇り、人と異なる自己の自覚と確立を育む教育こそが求められなければならない。子どもの自己尊厳性（セルフエスティーム）とエンパワーメントは、新しい教育のパラダイムであるが、これはかつての湊川の思想であったということができる。「違い」をこそ大切に、そして、その「違い」に誇りを持つこと、持たせる教育が必要である。それを可能とするのが、またねらいとするのが総合学科であった。

私は、「車椅子の校長」という存在にこそ価値があると考え、私の己に対する厳しい戦いの姿を、生徒たちの前に呈示しようと考えた。これこそが、我が湊川の教育の完結であると考えた。

私の総合学科は一年間であった。教職員は私を支えてくれ、私は教職生活を完結させた。一年間であったが、総合学科生の生き生きとした旺盛な意欲、刺激の多い一年であった。私の教育理念の構築は、「夢半ば」で終わってしまったが、私の魂は鬼となって、教育を見守っていき続けるだろう。総合学科一期生が、その後、どう成長し、どう生きていくのかを見守っていく。

これまでの教育は、生徒の在籍期間の三年間だけを責任をとり、進路をどう開拓できたかにその結論があった。総合学科はそうではない。総合学科の教育の評価は、巣立った卒業生たち一人一人のその将来の在り方・生き方が問題となる。学校での学習が、その後の人生にどう影響を与えたかが問題である。それは、高校で、どれだけ頭に知識を詰め込んだかではなく、一人一人の生徒の能力・適性をどう自己認識させ、それぞれの個性の確立をどうサポートしえたか、また、「学び方」という基礎的学力をしっかりと身につけ、興味・関心を持続させると共に、一生涯にわたって学び続ける主体を確立しえたかにある。

卒業した学校の名前に価値をおく学歴主義から、「学習歴」への転換の意味はここにある。また、この学歴主義を支える発想として、「学校は通過儀礼である」と捉える考えがある。これは著名な思想家の言葉であるが、不幸な青春時代を過ごしたその自己体験の絶対化に他ならず、思想家とはつゆ遠いと思われる。受験勉強も通過儀礼、徴兵制度があればそれも通過儀礼であるとする言い方である。学校においても、これを受け、子どもを社会悪から隔離し、檻の中で純粋培養しようとの発想が存在する。これらが、横並び一斉と相俟って、戦後教育が生み出されてきた。

社会との接点を断ち切り、臭いものには近寄らせない隔離の発想のもと、在任期間中の無事安穏を学校管理職は求める。臭いものには近寄らせない隔離の発想は差別を生みだし、これを支える考えでもある。このような教師の側のご都合主義によって、教育は危機的な状況を迎えていた。ここにあの第14期中央教育審議会報告が出される背景がある。

社会に閉じた学校ではなく、社会に開かれた学校が求められたのであった。現実の社会を学ぶ場として、フィールドワークを行うこと、社会人に教室に来てもらうことなどの実践的・体験的手法を積極的に導入する教育が求められたのであった。

私は、生徒に卒業後の在り方・生き方を問う。同様に、校長職の評価も、退任後の影響がどうであるのかが、本来の評価でなければならないと思う。神戸甲北高校が、私が注魂したシステムに潜む理念が時間のなかで醸成されて、生徒が自らを発見する機能を持ち続けることを祈りたい。

総合学科の導入と教員の意識変革の課題

「総合学科」は、一九九三年二月に「高等学校教育の改革の推進に関する会議」から出された「高等学校の改革の推進について（第四次報告）」により、「高校教育改革のパイオニア」として打ち出された「第三の学科」である。

全国的には「総合学科」は、一九九四年度に筑波大学附属坂戸高校をはじめ、全国では七校が導入を図った。兵庫県では、神戸甲北高校がその先駆であったが、神戸甲北高校が「総合学科」に移行した一九九七年度までに、全国で四五校が設置された。以後、毎年設置が進み、二〇〇一年四月現在一六三校が設置されている。文部省は一学区に一校の割合で「総合学科」設置を計画し、また将来的には高校教育の主流になるといわれていた。

「総合学科」の導入には、文部省や県教育委員会の強い要請があったが、総合学科への改組を考える高校の多くは、生徒減の状況下において統廃合が危惧されるなどの、いわゆる底辺校の例が多かった。そんな中で神戸甲北高校のような普通科単独校からの改組の例は全国的にも極めて少ないのが現実であった。

私は、第14期中教審答申における「偏差値教育と学歴主義は、日本の教育における病理である」との見解や、その中で述べられている新しい学力観に共感を覚えていた。この新しい教育を生み出す高校教育改革のパイオニアが「総合学科」であり、総合学科の目指す教育は、私が絶えず一貫して抱いていた教育理念と図らずも一致するものであった。いや敢えて言うならば、私の考えてきた教育理念が「総合学科」という器にならば、確実に盛り込み実現することができると確信をもった。時代は、私を後押ししてくれていると思った。人間を「賢くする」教育を、そしてそれが可能なシステムを作り上げたいとの思いを深くもった。そこから、総合学科を積極的に導入しようとの決意が生まれ、新しい学校の創造に賭けようと考えたのである。

従来の教育の根底には、受験一辺倒で他を顧みない競争の原理と偏差値主義が蔓延していたといえる。そのような社会の縮図の中で、生徒たちはその競争の原理に組み込まれ、常に他人と自分とを比較して一喜一憂する状況におかれていた。特に、社会的弱者といわれる部落出身生徒や在日朝鮮人生徒、「障害」を持っている生徒たちは、そのことだけで、自らを卑下せざるを得ない状況に追い込まれ、また大多数の生徒たちはそのような社会的弱者といわれる生徒たちのことなど顧みもしない個人主義的エゴイズムを保持し、それを善しとする教育であった。そして、大多数の教員も「プライバシーの保護」の名のもとに、そのような悶々ともがき苦しむ生徒個々の生活背景や家庭環境などにまで目を行き届かせなくとも、勉強さえ教えていればよいという考え方に支配されていた。

特に、新設高校は、進路実績を高めることが唯一絶対の至上主義となり、それこそが地区の学校間序列の中での自校のランキングを上げることにつながる最重要課題となり、そのことにのみ教員は汲々としていた。

進路実績を上げることが唯一の目標であり、その結果が良ければすべて良しという考え方で、生徒を閉塞した学校の中に閉じこめ、純粋培養させるという発想が根づき、生徒指導と教科指導（受験主義）を学校教育の両輪とする教育が成り立っていた。兵庫県立神戸高塚高校での門扉での惨状が、この教育の行き着く悲劇であった。

この受験競争と偏差値主義の根源には、初等中等教育においては基礎的・基本的内容の修得を徹底することが、生涯にわたる人間形成の基礎である以上、基礎的・基本的内容という学力保障が学校教育の根幹であるという認識と、すべての子どもたちが共通の教育内容を学び、一定の知識技能の水準を修得させるという一元的な能力主義が存在していた。

第14期中教審答申は、「偏差値教育と学歴主義は、日本の教育における病理」という新たな認識を示し、一九九二年の埼玉県教育委員会が高校入試による偏差値使用を禁止、さらに文部省による一九九四年度入試から高校への進路指導の資料等で業者テストの利用を禁じる処置等、これらを見ても文部省による強い教育施策の変換の意思が伺えた。

また、第14期中教審では「全員が同じ教育内容を受けるような形式的平等ではなく、個性に応じてそれぞれ異なるものを目指す実質的平等を実現していくことはますます重要になる」と述べられ、知識理解に基づく一元的能力主義から「多元的能力主義」へと、教育施策の転換が図られた。そして、体験学習・課題学習・問題解決学習などを導入し生徒による主体的な学習の仕方の側面に重点を置く教育の方向性が示され、同時に「新しい学力観」という言葉が、文部省関係者によって声高に主張される状況であった。

総合学科ということ以前に、教育現場ではちょっとした「改革」であっても、多くの教員にとって負担になるのは確かである。ましてや総合学科という例のない学科の改組改編という大規模な改革を、新校長の私が提案したのであった。

神戸甲北高校は、何とか軌道に乗っていた中堅の普通科であり、ある程度の進路実績も上げていた。また生活面においても殆ど問題のない生徒たちが通う学校であった。教員にとっては負担の少ない学校であった。普通に勉強さえ教えていればよいという、これまでの安穏としていた状態に満足していた多くの教員は、「湊川の教育」という亡霊とともに、「総合学科への改組改編」を説く私の登場を、パニックの状態で迎えた。

進路指導と生活指導の二つの教育視点しか持たない教員に対して、また教育技術のレベルでしか教育を語れない教員に対し、「人権」の思想的課題を突きつけることから、徐々に「教育とは何か」との本来的な思考に立ち戻るよう教員たちを追い込んでいく手法を取り続け、また、総合学科の研究体制を敷く中で、教員の意識変革を遂行していった。

このことの具体的な例として、部落出身生徒の進学に際しての校内議論を紹介しよう。一人の担任が国公立大学の推薦入試を受験する際に提出する学校長名の推薦書に、美辞麗句を並べた文章を、私に提出した。「その生徒の人物にふれる事柄を書かないのか」と叱りつけた。そのまじめな教師は、私の言葉が理解できなかった。「部落出身で、母子家庭であること、そして経済的に大変な窮乏生活を送っていること、同和奨学金受給、授業料減免を受けていること、その上で本人が非常に懸命に学び、優秀な学力を身につけていること」、また「その生徒の将来の夢は何か」等々のことを書きなさいと、指示した。その担任は、それまでその生徒と心の中まで立ち入った話はしたことがなかっただろう。「それらのことをその生徒と語り合って、再提出しなさい」、「生徒の現実から学びなさい」と私は話を終えた。その教師は、通常ありがちな抵抗を行ったが、その後私の話をしっかりと受け止め、その生徒との関わりを深めていった。また、生徒も無事、その推薦に合格した。

「プライバシーの問題ですから」、「本人がそんな話はいやがりますから」等々の教師の逃げの言葉が延々と続く。しっかりと生徒に向かい合い話をするとはどういうことか。湊川の教育の姿勢はここにある。空々しい関係しか形成できない状況からは、生徒が育つはずはない。「教師にとって、生徒は、みんな同じ石ころか」と、私の憤怒の思いを、職員団にぶつけた。一人一人を大切にするとはどういうことなのかを考えてもらいたいと願った。

総合学科は、一人一人の生徒のそれぞれを大切にする教育、すなわち「個性の伸長」をねらいとする。なぜ、教育改革のねらいのなかで、「個性の伸長」がうたわれているのか。一人一人の生徒のそれぞれを大切にするとは、どういうことなのかを、まず教師たちが考え始める仕組みをばらまくことをから、私の学校変革は緒を切った。

神戸甲北高校の総合学科の内実

(1) 総合学科の原則履修科目としての「産業社会と人間」

神戸甲北高校が総合学科に改組する準備期間の間に、私はその移行がスムーズに行くようにと考え、普通科の教育課程の中に「産業社会と人間」を先行導入した。

この科目は総合学科の科目の中でも、最も特色豊かな科目と言われている。従来のような教室での座学による学習ではなく、社会の現場で実習・体験をし、そのことを通じて、生徒自身が自らの主体を形成するという、実践的・体験的な学習活動をする科目である。さまざまな事業所や施設に見学に行ったり、勤労体験やボランティア活動等を行ったり、また職場の人々や地域の有識者等を学校に招き、話を聞いたりする、というのが主要な学習活動となる。そしてさらに、それらの企画立案・資料収集・運営・発表という一連の作業のすべてが重要な学習活動になるのである。

従来のような教員が教壇に立ち、生徒に指示し教えるという形態ではなく、生徒たち自身が、テーマを討議し企画を立て、役割分担を決め、実践していくことを大切にするのがこの科目のねらいである。そのような生徒主導型の企画・運営を通して、生徒の能力や興味・関心等に応じた学習が深められる。そして、そのことを通して学ぶことの楽しさや成就感を体得させるというのがねらいである。

「産業社会と人間」という授業には、教科書というものが存在しない。そこで、本校の教員が独自の「学習ノート」を作成した。その中には、電話やＦＡＸの技法、手紙の技法をはじめとして、司会進行の技法やアンケート調査の技法、ディベートの技法等々、生徒自らが主体的に物事を企画し物事を遂行していく場面で必要な実践的技法を盛り込んでいる。これまでの学校教育がオミットしてきた「読み書き・そろばん」の延長上の、現代社会を主体的に「生きる」ことを支える学力であると考えた。これらを主眼にして作成されている。

例えば、見学会を企画する場合、役割担当グループは、事前に見学先に電話等でアポイントをとり、図書館等で下調べを行う。その上で見学先に出かけ、事前の打ち合わせを行う。事後には見学先に反省会のまとめを踏まえて礼状を書く。

講演会を設定する場合でも、生徒が事前の打ち合わせから、当日の司会進行、開会挨拶、質疑応答、謝辞、演題作成も行う。これらの活動を通して生徒は体験的な「生きる力」と呼ばれる実践能力を培うこととなる。

「学習ノートⅠ・Ⅱ」は、上記したこれらの社会参加していく「生きる力」をねらいに編集している。「産業社会と人間推進委員会」というプロジェクトチームは、約一年間で、このノートを創り、「産業社会と人間」の授業の構想を立てた。まだ、「産業社会と人間」の実践例は、県下においても、また全国的にも、その先例がなかった。「推進委員会」のメンバーが奮闘して、作り上げた「学習ノートⅠ・Ⅱ」は、全国的に評判となった。このノートの出来映えは、私のなかで新しい教育の可能性の確かな手応えを実感できるものであり、総合学科の前途と新しい教育に関して、意を強くするものであった。全国各地の学校で、このノートが参考にされ、「産業社会と人間」の実践指針となり、意義のある学習が生み出されたと報告を受けている。

また、この科目の評価法にも、スタッフは大いに悩み、工夫を凝らした。教員たちに、私は、「先行する実践はない。一から考えること」を指示した。「評価とは何か」との原点に立ち戻ることを要求した。評価は、本来的に他との比較や全体での位置づけのためにするものではない。生徒一人ひとりがそれぞれの意欲・関心から出発し、目標に照らし合わせて、どのように取り組み、どのような成果をあげたのかが評価されなければならない。また一人ひとりの学習が個別的に評価されなければならないため、絶対評価が本来的なものである。これらのスタンスに立った評価法ということを求めた。

その結果、他の教科の成績表とは異なる「産業社会と人間」単独の成績表が生み出された。

「産業社会と人間」の成績表
(1) 興味・関心
(2) 情報活用技能（情報リテラシー）
(3) 意思伝達技能（コミュニケーション技能）
(4) 批判的思考（思考力・判断力）と表現力
(5) 自己教育力

以上の観点を設け、A・B・Cの三段階で評価し、さらに各担当教員が一人一人の生徒の取り組みを文章で表記する所見欄を必ず設定するものになった。所見欄は、出来うる限り生徒の善さの発見をつとめて記入するようにしている。


教員はこの科目を担当することによって、新しい教育が何を目標としているのかを深く考えさせられる契機となったのではないかと思う。

教育改革は、教員にとっても、既成の手垢にまみれたルーティンワークと堕した教育活動から脱し、教育の原点に立ち戻り、創造の喜びに支えられた教育の再生でなければならない。まさしく、この「産業社会と人間」は、この入り口であったといえる。

普通科で導入した「産業社会と人間」の初年度の実践は、㈶日本教育公務員弘済会主催の「第二回日教弘教育賞」の学校部門の「優秀賞」を受賞する栄誉を受けた。受賞論文である「高等学校教育改革へのひとつの試行」は、二十名を一班としたティームティーチングによる授業体制、実践的体験的な学習を遂行していく手法等の説明と紹介を行うと共に、具体的な授業実践を例示し論述したものであった。その具体的な授業実践については、文化祭と関連させた取り組みでの「カップラーメン」の研究例であったが、「産業社会と人間」は多くの教師に授業の在り方の考え方を変え、生徒たちは生き生きと様々な企画を推し進めた。この論文を最後に掲載させていただく。二〇〇三年度の新教育課程編成に向けて、「総合的学習の時間」の研究が進められているが、その「総合的学習の時間」に大いに参考となる実践記録と思われる。

(2) 教育目標の検討

何度も述べるように、「総合学科」に改組した最大の理由は、学校改革であった。従来の注入主義の学力観から「新しい学力観」や柔軟で多岐多様な科目による選択幅の広い教育課程の編成を主軸に据えた総合学科の設置は、システムだけの変更ではなく、学校観、生徒観、しいては社会と学校との関係や生徒と教員との関係など、すべての領域の意識変革なくしては達成できないものである。形だけの総合学科は簡単に作れる。真の教育改革を行わなければ意味をなさないと私は考えていた。

私は方便も常套手段とした。学校の危機を説き、来る少子化による生徒減少期の統廃合の危惧等も口にし、ともかくも総合学科の導入を決め、理念はその後と決めていた。誤解をする教員もいたことも事実である。

しかし、総合学科の開設に際し、新しい教育目標を制定せねばならず、方向性を提示し、議論を重ね、つぎのような見事なフレーズをスタッフは生み出した。私の思い、私の理念はここに濃縮されて表現された。

〈神戸甲北高等学校の教育目標（「本校の求める生徒像」）〉

(1) 自分で物事を考え、行動できる「賢さ」を育む

"Take an active role in a daily drama ... your LIFE."

"Think globally, act locally."

① 情報活用技能

② コミュニケーション技能

③ 批判的思考力（判断力・思考力）

④ 意思決定力（社会的判断力、実践的判断力）

(2) 人生を自ら切り拓く力と自己教育力を育む

"Destiny and fortune can be found within."

(3) 個性を尊重し、「違い」を認め合い高め合う関係を築き、「人間としての尊厳」を育む

"Accept diversity and recognize one another's differences."

この「本校の求める生徒像」は、新しい教育のエッセンスとなるものである。新しい学力観のその内実を問い、また生涯学習につながる自己教育力を掲げ、「個性の尊重」及び「違い」を認め合う人権尊重の精神を身につけた人間の育成を願い、三項目によって表現した。

〈自分で物事を考え、行動できる「賢さ」を育む〉

単に知識がある生徒を育てるのではなく、初めて遭遇するような場面でも、自分で課題を見つけ、自ら考え、自ら問題を解決していく能力、つまり本当の「賢さ」を育てるということである。また、「興味・関心」に裏付けされた知識・理解に基づいて批判的に物事をとらえ、主体的に判断し、行動する力を有する人間に育ってほしいとの思いを込めている。

単なる知識や理解では、社会の動きに機敏に対応できない。自分から意欲的に興味関心を示さなければ、意思決定(行動)にまで至らない。実践的で体験的な知恵こそが、人間の意思決定(行動)を行う。さまざまな事物や機会に出会い、興味を広げ、関心を持ち、自分の世界を広げ、その世界及び社会の中の自らの位置を発見し確認していくことが自己の確立(自分探し)である。このような認識に基づいて設定した。

〈人生を自ら切り拓く力と自己教育力を育む〉

自己の適性・能力の発見を図り、進路を見つめ、主体的に判断し行動する力を育てる。人生を力強く切り拓いていくために、自らを律し、自らを教育していく力、更に生涯にわたって学習に取り組む意欲や態度を育てる。

これまでの教育は、社会から隔離されていた。これからの教育は社会との連携を深めて行かなければならない。社会に向かって、生徒が自己を前に投げ出すことを援助する教育を行わなければならない。企画や社会参加を奨励しなければならない。また、自己の確立(自己の適性・能力の発見)を図り、進路を見つめ、主体的に判断し行動する力を育成することが目標に置かれなければならない。人生を力強く切り拓いていくために、自らを律し、自らを教育していく力、更に生涯にわたって学習に取り組む意欲や態度を育むということを掲げ、教育を編成して行かねばならない。総合学科はこれが可能な学校システムであると考え、このような認識に基づいて設定した。

〈個性を尊重し、「違い」を認め合い高め合う関係を築き、「人間としての尊厳」を育む〉

「個性の尊重」ということが教育改革のひとつのキーワードである。生徒がそれぞれの興味・関心に基づいて一人ひとり異なる「自分の時間割」を履修し、自己の適性を発見し能力を開発する、いわゆる「自分探し」の旅を援助するのが総合学科である。そのため、教員の方からの一方的な価値の押し売りを行うことは、総合学科には適していない。多様な個性や多元的な価値観を受け入れ、それらに開かれた学校である。一人ひとりの生徒の個性的な資質・善さを見い出し、創造性等を積極的に伸ばしていくことをねらいとしている。また、個性の尊重を基本とし、生徒自らの自立心、自己抑制力、自己責任や自助の精神等を育むという姿勢が必要とされる。

以上が三つの教育目標の趣旨である。

そこで分掌組織においても、「生徒指導部」から「生徒部」に、「進路指導部」を「進路部」へと改称した。また、できる限り「指導」という言葉を避け、「助言」や「援助」という言葉に変更した。「指導」から「援助」へ、そして生徒側の主体の形成を図ることの根底には、教師の中にある「調教」

の発想こそを撃たねばならない。ややもすれば、これが頭をもたげるであろう。しかし、教師は耐えねばならない。時間がかかっても待たねばならない。この姿勢を維持することが肝要である。

個性を尊重し、一人ひとりの「違い」を尊重し、それぞれの適性・能力を開発することこそが総合学科の目標である。一人ひとりの生徒が、他者と異なる自己を自覚し、堂々と自信を持って自己を語り綴れる力を育成したいと考える。人に追従することなく、自己を確立すること、これこそが「生きる力」であると考える。

第15期中教審第一次報告のなかに、「いじめ・登校拒否の問題の解決のためには」として、「同質志向を排除して、個を大切にし、個性を尊重する態度やその基礎となる新しい価値観を、社会全体が一体となって育てることも重要である」と述べられている。また、「他者との共生、異質なものへの寛容、社会との調和といった理念は、一層重視されなければならない」や「我々の社会が『同質にとらわれる社会』という問題点を持っていることからきている」という指摘もなされている。また、「個性を尊重し、お互いの差異を認め合うことの大切さは、これまでの我々の社会では十分に顧みられてこなかった」等の表現がある。

教師の側も、生徒集団を相手に一斉教育を行うことに、これまで慣れ親しんできている。生徒たちの中にも、孤立した個人で立つということにつきまとう不安や怖れの前で、「みんなと一緒が一番いい」といい、「群」をなし、没主体の無人称の一人として多数の中に埋没し、存在する安逸さを求める傾向がある。多くの選択科目を興味・関心に基づき、またそれぞれの進路に対応して選択するシステムを用意していても、「友だちと一緒」を求め、安易な選択に流れてしまう傾向がある。

また、「個性の尊重」、「違いを認め合う」教育は、そもそも人権教育の中心課題である。総合学科の導入に際し、特にこの視点を明確にさせた。

⑶ 教育課程

総合学科のキャッチフレーズは、教育課程に即して整理してみると、次のようになる。

○「個性が輝く」科目選択を行い、「自分で作る時間割」で学び、「少人数・専門的授業」で「学ぶ喜び」を感じ、「楽しく学ぶ」

○「知識・理解の量ではなく、考え判断し行動する力」と「生きる力」を育み、教師が「教える学校から（生徒が）学ぶ学校へ」、また「生徒が主役」の「自分探しの旅を扶ける学舎」の学校に転換を図り、「受信機から発信機」型の生徒を育む

このキャッチフレーズをもとに、教育課程を編成した。百数十の科目を設定し、生徒がこの中から興味・関心に基づき、また進路に基づき「時間割をつくる」システムを置いた。また、生徒が選択した科目は、いくら少人数であっても開講をするようにした。生徒数が二人という授業もできている。私の理想は、「教員が生徒を選ぶのではなく、生徒が教員を選ぶ」という教育システムにある。教員は本来、日々の授業創造に向けて研鑽し、生徒と共に悩み、共に生活するという姿勢が必要不可欠である。そうでなければ生徒からは疎んじられるのが当然であるが、従来のような教員に絶対的な権限がある限り、そして生徒が従順であらねばならないと言う構図がある限り、教員の意識に変革はなく、また変革する必要もない日々が続くこととなる。

総合学科は単位制である。これまでのような原級留置、いわゆる落第がない。成績不認定が落第を意味する従来の高校にあっては、この教師の認定権が、生徒に対する絶対的権限として機能していた。それを考えると、80単位の履修と修得で卒業が可能な総合学科は、画期的なことである。単位制高校でも、同じことがいえるが、単位制高校では総合学科のような幅の広い選択幅が設けられていない。総合学科では、苦手科目は選択しなくてもよい自由がある。

大切なのは、その自由と引き換えに、「お前は何者か」との問いに対して、生徒が自ら答えを見つけることを課する教育である。悶々と悩み苦しむことになるが、その苦しみが、一回りも二回りも人間を大きくし、鍛えていくことになる。

(4) 総合選択・自由選択科目に工夫

私は学校の特色の一つに「アジアと結ぶ」を置いた。外国語といえば「英語」、「ドイツ語」、「フランス語」、海外といえば「欧米」やオセアニアしか思い浮かばない日本人の在り様、教育の在り様に、憤怒の思いと危惧を常々感じていた。日本がアジアに位置し、アジアの国々との交流と友好の関係を真剣に考えねばならないという、至極当然の視点・論理に行き着かない。明治期以降の脱亜入欧の思想が蔓延し、アジア軽視・蔑視の意識が根強く存在している。そこに、在日朝鮮人差別の意識構造やアジア圏をはじめとする外国人への差別が拡大再生産される状況がある。

そのため、私は外国語科の中に、多くのアジアの言語を設置した。「韓国朝鮮語」・「中国語」・「ベトナム語」・「インドネシア語」を開講した。「国際都市」と冠される神戸も、北野の異人館街や欧米センスのアパレル産業等、やはりアジア軽視の日常がある。神戸の在住外国人は、最も多く住むのが在日韓国人であり、続いて華僑である。更にインドシナ難民であるベトナム人等の生活の現実を見なければならないと私は考えていた。全国の高校で、ここまでアジアの諸言語を導入している学校はおそらく存在しないだろう。

最近、「韓国語」ブームで「ハングル入門」等の講座が導入され始めているが、湊川高校では七〇年代に設置し、神戸甲北高校では、中国語と韓国朝鮮語を各六単位まで学べる体制を作った。

また、人権・同和教育も本校の教育の柱であり、「日韓日朝関係史」、「人権の歴史」、「人権問題研究」も設置した。「韓国朝鮮語」、「中国語」、「ベトナム語」、「インドネシア語」が単なる言語教育に終わることのないようにという危惧もあって、人権学習の授業を設置し、それらを支えていこうと考えたのである。

私は足下から国際化を考えるという視点を大切にすることに教育の主眼を置いた。国籍、民族、言語、文化などの違いを越え、それらを柔軟に受け入れることができると共に、人権感覚に鋭敏な「人権の世紀」を担う生徒を育てる学校づくりを進めたいと考えた。

上記の科目等が私の自負する目玉である。その他にも「ボランティア実践」という科目や「ソーラーカー製作」等々の多くの体験的実践的科目を設定した。

参考までに、「人権の歴史」という科目の内容を紹介させていただく。現在は、学校設置科目は学校サイドで設置が可能となっているが、これまでは設置者しか科目を新設できなかった。兵庫県教育委員会と何度か折衝し、「人権の歴史」を次のように確定し、「兵庫県立高等学校教育課程基準の一部改定について（一九九八年四月一日適用）」に、「地理歴史に関する科目」として盛り込んだ。当時、私が聞き及んだのは、徳島県教育委員会が同じく一九九八年四月一日適用で、「人権を考える」という科目を設置したことだけであった。そういう意味では、このことは画期的な出来事であったと胸を張ることができる。

［総合学科］総合選択科目「人権の歴史」

教科名	地理歴史		
科目名	人権の歴史	単位数	2
科目の目標	豊かな人権文化の歴史学習を通して、人権のあゆみ、そして国家や制度の歩みと社会を考え、人としての在り方生き方を追求する。歴史的な観点で、これまでの身分差別や社会差別等の本質を具体的に学び、問題の所在を追求し、人権と環境を座標軸に据えた二十一世紀の地球社会を形成する国際人を育成する。		
科目の内容	1．部落史はおもしろい（被差別部落の歴史） (1) 中世賤民とその豊潤な文化 (2) 近世被差別部落とその文化		

(3) 近代国家と被差別部落、そして解放運動とその文化
(4) 民主憲法と人権、および「同対審」答申と答申以後

2. 「カッチハジャ!」の共生社会をめざして(民族差別の歴史と国際化社会)
(1) 日韓併合と日本の植民地政策
(2) 在日韓国朝鮮人や華僑の人々とその文化
(3) 新渡日の人々とその文化
(4) アイヌの人々とその文化
(5) 世界のマイノリティ問題
(6) 民族とは何か。国籍とは何か。

3. 人権思想の今、昔(人権思想の歴史)
(1) 近代民主主義思想
(2) 「人権の世紀」である二一世紀に向かう世界の人権意識の潮流(「国連」の人権啓発への取り組み)
(3) 「違い」を認め合い高め合う共生の学校・社会の実現に向けて

「アジアと結ぶ」教育の展開

(1) 韓国の高等学校と姉妹校提携

一九九六年に、韓国蔚山情報通信高等学校と姉妹校提携を行った。五月、私は姉妹校提携を結ぶため、韓国蔚山に飛び立った。現地で、熱烈な歓迎を受け、私は壇上から、韓国の教員・生徒に、日本の三十六年にわたる侵略の歴史、そして「日韓の今後の対等の立場で相互交流」を旨としたスピーチを行った。また、私は、ここで私の妻のことを話した。蔚山情報通信高校の当時の校長は李永春先生であった。李永春先生は、神戸韓国綜合教育院の院長をされていた方であった。私は、一九九五年に当時の院長であった李禹植院長に、韓国の学校を紹介していただくようお願いしていた。蔚山の高校という話が飛び込んできた。「蔚山」と聞き、私は膝を叩いた。私の妻は在日朝鮮人である。妻の本籍地は「朝鮮慶尚南道蔚山」であった。何という偶然であろうか。私は、個人的な問題だけではなく、神戸の「在日」の多くは釜山を中心とする慶尚南道と、大邱、慶州などの都市がある慶尚北道の出身者が極めて多い。この蔚山という都市は人口も一〇〇万人を越え、しかも貿易港を有する。現代自動車や現代造船という巨大企業の本拠地がある。神戸と蔚山との共通点もある等々、私は職員と相談し、この話を進めて来たのであった。

七月に、蔚山情報通信高校の李永春校長が本校を訪問され、本校側の姉妹校提携式が行われた。この姉妹校提携式が近づいたある日、朝鮮文化研究会の顧問が、私の前にやってきて、一人の在日韓国人生徒が蔚山の校長に挨拶をしたいと言っているという話をした。神戸甲北高校には、十数名の在日韓国朝鮮人の生徒が在籍しており、時折、それらの生徒を集め、話を行っていた。「本名で堂々と生きよ」、「歴史を学べ」との話をしていたが、まだまだ、自分の足で立つまでに育ってはいなかった。一年前は、祖国留学をし、高麗大学へ進学した生徒がいるに過ぎなかった。生徒の「蔚山の校長に挨拶をしたい」とは、校長室にでもやってきて話をすること程度と、私もその顧問も考えていたが、そうではなかった。提携式の壇上にあがり、「私は、在日韓国人です」と切り出し、本名のこと、ハルモニの出身地が蔚山であることを述べた。そして、「ウリマル」で話をするといって、堂々と韓国語で歓迎のスピーチを行った。その後、全校生に向かって、なぜ「在日韓国朝鮮人」が日本に存在するのかという歴史的背景を述べるとともに、日本社会の問題点を指摘した。

彼女は、感動の場面を一人で演出した。私は、あふれる涙とともに、これが私の夢見た教育だと思った。教職員、生徒、また列席した蔚山情報通信高校の職員、一同が感動の思いに静まりかえっていた。「なぜ、アジアと交流するのか」の答えがここに示された。上辺だけの国際交流ではなく、足元からの国際交流をと私は考えていた。韓国と交流することは、「在日」がクローズアップされてくる。この仕掛けになることを期待していた。アジアと交流を深めることは、必然的に歴史を学ぼうとするきっかけを与える。これらの人間を賢くする仕掛けを私は期待していた。私の仕掛けは、ほんの始まりの時点で、大きな成果を得た。「在日」の生徒を鍛えることも大切であるが、「在日」の生徒や保護者と話をする必要を教員に迫り、差別の現実から教師が学ぶ姿勢を持ち始めるきっかけとなるからである。

多くの教師は何も考えないで、「在日」の生徒を、日本人生徒と同じ扱いをする。この同じ扱いでもって、差別はしていないと考える。「通名」を用いている生徒が、なぜ通名なのかとのことも、深くを知らず、当たらず触らずの状態をよしとする。

一歩踏み込み話をすることもできず、タブーとして捉えている。まるで腫れ物に触るような緊張感をもって、構えて応対する。「在日」の保護者の方も、「先生、普通でいいですよ」と、表面的な社交儀礼で済ましてしまう。これを言質として勢いづき、「保護者も普通でいいと言っている」と、これを反論の武器に用いる。

後述する韓国修学旅行は、こういう教師たちに「国籍」の問題を考えざるをえないところに追い込む仕掛けでもある。保護者の思い、子どもの思い等、教師はこれらを知るきっかけとなる。

「本名を名乗りたい」という在日朝鮮人生徒が現れたときに、「そんな変な名前にしたら、生活しにくいよ」と言った教員がいたという。まだ、日本の社会では、このような意識が通常の感覚で存在する。本名で生きることが、自然な社会になるまでにはまだまだの道のりがある。

勇気を持って一歩前に踏み出すことは、人間に大きな変化をもたらす。彼女の勇気、堂々とした姿勢は、その空間を共有したものすべてに、生きる姿勢の美しさと感動の思いを与えた。その後、彼女も祖国留学をし、現在釜山大学に進んでいる。

この生徒を校長室へ呼び、慰労の言葉をかけた。彼女は、「姉妹校提携式のあと、多くの友だちに囲まれ、スターのように扱われた」、「こんなんだったら、何も隠さず堂々としていたんだった」という感想と、「ある一人の友だちが『私のお母さんも在日朝鮮人やねん』と言って抱きついてきた」という話をした。勇気は勇気を生む。そして、人間と人間の心を開いた関係が生まれる。生徒が信頼して、本当のことを話できる学校に前進できる契機になったと思った。

その「友だち」と彼女が言った生徒は、部落出身生徒である。私は、私の学校の部落出身生徒はすべて把握していた。ところが、日朝ダブルであることを知る由がなかった。

多くのダブルの生徒がいる。私は、部落出身教師であり、妻は在日朝鮮人である。私の子どもは、日朝ダブルであるため、その生徒と同じ境遇である。部落と朝鮮は、ともに被差別者であり、この両者が社会の仕掛けの中で出会う機会は多い。私の娘たち、その生徒と同様の境遇の者は非常に多いのが現実である。

過去、日本籍の日中ダブルの生徒がいた。一九八五年以降は、母親側が日本人である場合も、自動的に日本籍になるため、日本籍といっても、そのルーツが見えなくなっている。この日中ダブルの生徒はそれ以前の生まれであるため、戸籍上は母親の私生児扱いになっている。この私生児への差別もまた深い課題であるが、母親の情けなさは、子どもが父親の国籍を嫌うことであった。友だちが家庭にやってくるときは、台湾人の父親の表札を裏返しにするとのことであった。何と淋しい辛いことか。日本の社会の排外的な土壌にその因はある。社会意識の変革と同時に、そのような子どもたちを周りの重圧に負けないしっかりとした主体に確立させることが私たちの課題ではなかろうか。

(2) その後の交流

一九九七年八月、神戸甲北高校の生徒五十二名を教員三名の引率のもとに、蔚山情報通信高校へ派遣し、ホームステイを行い交流を行った。そして、同年度の一月には、蔚山情報通信高校の生徒五十三名が本校を訪れ、同様に交流をした。これらの貴重な経験は、おそらく日本の若者にとって、日本と朝鮮半島との間に横たわる不幸な歴史であった一〇〇年を、一挙に飛び越えてしまうだけの内容をもっていたのではないかと思う。参加した生徒たちは、この貴重な経験を通じて、朝鮮人差別ときっぱり決裂できる人間に育ったものと思う。また、将来、機会があれば芽吹くことになる日韓の友好親善の下地が備わったものと思われる。

また、修学旅行については、教育委員会と折衝を行い、海外修学旅行の許可を得て、総合学科第一期生の修学旅行の行き先を、韓国と決めた。私が退職した翌年であるが、兵庫県立高校として最初の海外修学旅行を成功に終えた。

その後現在まで、姉妹校への訪問団を毎年派遣し、韓国修学旅行も第四回目を計画していると聞き及ぶ。また、中国の上海市の中等高等学校とも姉妹校提携を行ったとの話も聞き、「アジアと結ぶ」教育の実践は大きく発展しているとのことである。

総合学科の選抜制度と本校総合学科一期生

(1) 総合学科の選抜制度

兵庫県教育委員会は、総合学科の入試に対し、推薦入試と一般入試の選抜要項を発表したが、その発表に向けては、本当に再三再四にわたって県教委と交渉をし、校内でも連日連夜にわたって、仕事を行った。日々、精力的で意欲的に取り組んだ。

推薦入試では、学力検査をせず、小論文・面接を重視する方法を採った。また、一般入試では、国語・社会・理科・数学・英語の学力検査の内、希望すれば一教科を実技教科の一教科と代替できるようにした。しかも合否判定はその上位三教科の合計点によるという画期的なシステムを採用した。

一般入試の選抜要項の考え方は、苦手な教科、嫌いな教科があるのが当然であり、それも個性の領域であるという考え方に基づいている。すべての教科科目ができなければならないという従来の教育課程に基づいた考え方が支配する教育界に否を唱えるものであった。このような観点からこの選抜方法は、総合学科の教育課程の考え方に似合ったシステムであると考えたのである。

私にとって、唯一し残した仕事がある。それは、この推薦入試のなかに、社会的弱者である被差別部落出身生徒、外国籍生徒等の特別優先枠を作りたいという思いがあったが、これを実現することはできなかった。制度としてそれができなければ、学校サイドでできることとして、ハンディキャップを有する生徒の「生きる力」の側面での評価観点の導入を図りたいと考えていた。「西田秀秋が校長になった意味がここにある」との私の存在証明として、これを打ち出した。

当時、四国学院大学の被差別者（被差別部落出身者、在日朝鮮人、アイヌ、沖縄、障害者等）特別枠のアファーマティブ・アクションが始まり、社会的議論が生じていたが、公立高校ではここまではできずとも、外国籍のニューカマーの生徒に限りその一端を導入したいと考えていた。根拠は、第一五期中教審の外国籍の子どもの「柔軟な受け入れ」に基づき、私はこれが可能だと考えていた。その後、神奈川、奈良、大阪で外国人生徒特別枠の設置が行われたので、私の考えは特別なものではなかったといえる。

しかし、悪しきこれまでの平等主義を振りかざす勢力が、執拗に県教育委員会に圧力をかけ、当時の担当者を苦しめた。また、評価の一観点に導入することもできなくなった。このことが、心残りの最大のものである。

「知識と技能」の量として数字化できる学力ではなく、「生きる力」へ学力観を転換させようというのがねらいの教育改革である。学力検査という一元的な物差しでふるいにかける平等主義こそが絶対であるとする戦後保守思想の勢力との対決が、校内でも校外でも生じた。狭い範囲の学力のみを絶対化し、それで適格性を判断するとは、これこそが桎梏したイデオロギーではないのか。

生徒を試験のみで評価し、「平均点の半分以下だから単位を不認定」という点数で生徒を脅し、教員の評価権を高々と掲げるだけの人間性を失った労働者以下の知識販売機と成り下がった教員を擁護するイデオロギーでもある。

文部省も、大学に帰国生徒枠や中国帰国者枠を設置するように働きかけ、国公立大学においても、多くの大学でその制度が設置されている。学力に関しての、度量の狭い考え方では、これも反対せねばならないであろう。テストのためだけに詰め込んだ「知識」の量などは、社会の現実において生きるためには何の役にも立たないことは、明白である。社会に出るとともに、風化し頭脳の隅にその残骸すらも残らない。

私の体験だが、香港から日本に来てまだ僅かな日数しか経っていない生徒の編入を私は認めたことがある。この生徒は、めきめきと日本語を覚え、半年かからず、授業に十分ついていくことができた。

また、この生徒のまじめな学習ぶりは多くの生徒に影響を与えた。先述した高麗大学に進んだ「在日」の生徒と同じクラスであり、この「在日」の生徒が自らの民族性を意識し、自負意識をもつようになったのも、この香港からの生徒のお陰であった。この香港の生徒が、通常の高校入試を受験していれば、決して入学は認められなかったであろう。

「学力とは何か」を再度見直し、選抜制度を改善して行かねばならないと思う。また、「新渡日」の生徒の学習権を保障する制度を一刻も早く導入することが求められる。

(2) 総合学科一期生

私には、大いに不満が残る選抜方法を巡る攻防であったが、総合学科一期生の入学試験が実施され、新入生が入学してきた。この入学式に間に合うよう、私は病床から立ち上がった。動かない左半身を重く引きずり、杖をついて動く。私の不在の十ヶ月間、教職員は、総合学科開設準備に翻弄し、過酷な状況下、万端の体制を敷いていた。

私は、この新生神戸甲北高校に満足感を感じた。強引なほどの指導力を二年間ふるったが、新しい教育が学校の隅々に浸透しているように思えた。校長として、存在するだけで良かった。

私が総合学科への思いを込めて、その一期生の生徒に向けて書いた一文がある。これは、私の復帰後の最初の文である。それを紹介しよう。

〈一九九七年度版「産業社会と人間」学習ノートの巻頭言〉

兵庫県立神戸甲北高等学校
校長　西田　秀秋

いよいよ、「人権の世紀」と呼ばれる二十一世紀が目の前に近づいてきました。来世紀を担うことになるきみたちは、この一千年期も終末の今を高校生として本校で過ごすことになります。時代は激しく変貌しております。しかし、高等学校のシステムは戦後五〇年間、ほとんど改革されずに続いてきました。普通科高校や職業学科高校は、きみたちの父母の時代と大して変化せず、従来のシステムのままであり、古い価値観にいまも呪縛させられてマンネリズムの悪弊に陥っているといえます。

この激しく変化する国際化・情報化・高齢化という社会の変化に対応する高等学校教育改革が叫ばれ、やっと大きな潮流として流れ出そうとしています。その改革運動のパイオニアとして登場したのが、総合学科高校です。……特に、普通科高校の二十三年の歴史にピリオドを打って転身を図る本校総合学科には、大きな期待とともに注目が寄せられています。

総合学科は、生徒の興味・関心や進路に基づいた主体的な学習を促し、それぞれの個性を最大限に伸長させることをねらって設置された学科であり、また、できうる限り幅広く柔軟な教育が実施できる学科です。激しく変貌していくことが予想されるこれからの社会において、その社会の変化に対応して、主体的に判断し行動できる力を身に付ける生徒を育成していくことがその目標に掲げられます。

それには、生徒ひとりひとりの多様な興味・関心、能力・適性や将来の希望に基づいた主体的な学習を促し、それぞれの個性を最大限に伸長させ、生涯にわたって継続的に学習する意欲や態度を育成する取り組みが必要です。これからの社会が必要とする学力は、自ら学ぶ意欲と社会の変化に主体的に対応できる能力であり、獲得した学習を生かして未知の世界を切り拓き、新しい世界を創造していく創造力です。

総合学科はこの真の学力である「生きる力」に主眼を据えた教育を行う学校です。学校の在り方自体も変革されねばなりません。『スズメの学校』から『メダカの学校』へ」ということがいわれています。歌詞を思い浮かべてください。「メダカの学校」では、「だ～れが、生徒か先生か……」と歌われます。「スズメの学校」では、生徒の前に教師が立ち、「チーチーパッパ」と「知識を教え込む」という形態ですが、これからの学校は、生徒と教師が同一平面に立ってともに学ぶ形態に変化せねばなりません。生徒が主体となり、「生徒自らが学ぶ」ことを大切にしていかねばなりません。これまでのような「指示をあおいで指示通り動く人間」ではなく、自分の頭で考え判断し行動できる人間が求められます。教育は「指示をあおいで指示通り動く」ロボットを生み出す場では決してあってはならないことです。教師の在り方も変化せざるを得ません。「知識」の伝達よりも、考える力、分析する力、行動する力を培うことにウエイトが置かれます。これからの時代は、知識のやり取りはコンピュータに任せたら良いのです。これには、教師が自己切開の痛みをともなうことですが、意識変革を行っていかねばなりません。自らの人生を切り拓こうとしていくきみたちの良き同伴者および良きアドバイザーとして、「在り方・生き方」を常に問い、真摯にきみたちに向かって行かねばなりません。

今求められているのは、「生きる力」です。生涯にわたる学習意欲につながる知的好奇心の喚起、自らの疑問に対し自ら問題解決をして行く力の育成です。その生涯の在り方生き方にかかわる社会の変化に対応できる主体的な能力こそが、「生きる力」です。

兵庫県教育委員会は、総合学科の入試に、全国的にみても例のない先進的な改革を行いました。特に、推薦入試では、本校への人気は高く、二・六八倍という高倍率になりました。学力検査をせず、小論文・面接を重視する方法が採られました。一般入試では、国語・社会・理科・数学・英語の学力検査の内一教科を希望すれば実技教科の一教科と代替できるとし、しかも上位三教科によるという工夫された選考が行われました。苦手な教科、嫌いな教科があって当然、それも個性の領域であるという考え方に基づいています。「すべての教科科目ができなければならない」という従来の教育課程に基づいた考え方が教育界を支配していました。この選抜方法は、総合学科の「定食からバイキング料理」という教育課程の考え方に似合ったシステムであると考えます。

これらの大きく改革された推薦入試と一般入試に、大きな戸惑いを持ったことと思いますが、見事に合格をされたみなさんは、多岐にわたる分野で多様な能力を潜めた豊かな個性の持ち主です。従来の知識・理解を中心にした学力で輪切りにされた序列のなかに位置づけられた学校ではなく、また輪切り結果としての薄い層で形成される学校ではありません。従来の学校は、そのような薄い層の同じような学力を有する生徒というものを前提としてきました。その上で、「みんなと同じ」を振りかざし、同質化を是とする教育が行われてきました。総合学科は、個性を尊重する学校です。ひとりひとりの個性を「ちがい」として認識し、「ちがい」を尊重し、多元的な価値観に立脚し、それぞれの善さを引き出し、個性が輝き、個性が互いに輻輳し、共に高め合う教育を生み出していきたいと念じております。また、「ちがい」を認め合うと共に、人権感覚に鋭敏であり、国籍、民族、言語、文化、習俗などのちがいを越えて、それらを柔軟に受け入れることのできる「人権の世紀」を担うことになる人間を育む学校づくりを進めたいと念じております。

本校は、兵庫県下での高等学校教育改革のパイロット校としての使命を受けとめ、「新しい学力観」に裏打ちされた「心豊かに主体的・創造的に生きていくことができる資質や能力を確実に身につけ、社会生活においてそれらを最大限に活用して自己を取り巻く環境に柔軟に対応し、自らの仕事を創造的に遂行したり、生活を豊かにしたりしていくことができる人間を育成する」という目標に向け、新しい高校教育の創造を行っていく覚悟です。

一刻も早く本校総合学科生としての誇りをもち、日々の学習生活の中で自己研磨していただきたいと考えます。「みんなと一緒」ではなく、「ひと」に追従することなく、自己実現を図っていただきたいと念じております。

本校総合学科には、多くの期待と注目が集まっております。全国的にも注目されています。本校総合学科第一回生としての誇りをもって高校生活を過ごしていただきたいと存じます。また、きみたちには、このような教育改革の最前線に位置し、自己の人生を切り開く「生きる力」を培う新しい教育を担う一員であり、ひとりひとりの取り組みがこの教育改革の成否を生み出していくというプライドとともに責務をもってもらいたいと念じます。

総合学科一期生は、これまでにない活発で、個性豊かな生徒たちであった。

総合学科は、学校間序列を否定する学校である。従来の知識偏重の学力で輪切りされた序列のなかに位置づけられた学校ではなくなった。また、輪切りの結果として、同じような成績の生徒の層で構成される学校ではなくなった。入試の結果を見れば、これまでの普通科時代の入学生と比較しても確かに層の幅が上下に大きく開いた結果を生み出した。また、その結果から見ても当然のことながら、従来の神戸甲北生には見られなかった、活発で個性豊かな生徒たちであった。四月当初の学級役員選挙では、従来の普通科時代には、立候補がないので仕方なく担任が選挙用紙を配り、投票数によって各種役員を決めていたが、どのクラスも立候補が相次ぎ、一〇分足らずで全ての役員が決まるという状況が生み出された。文化祭や体育祭でも、上級生を圧倒する活力を呈した。

新入生と保護者に対するアンケート調査を入学時点で行った。これを見れば、従来の知識偏重型教育ではなく、思考力・判断力等を大切にする新たな価値基準を持つ教育への高い期待が生徒や保護者の意識に存在することを見て取れた。

活発な生徒たち、その一人ひとりの個性を尊重し、多元的な価値観に立脚し、それぞれの善さを引き出し、共に高め合う教育を生み出す学校が創造できた。私の夢が実現できたと感じた。

私は、この総合学科一期生が入学し、一年次生として在籍した年をともに生活できたが、一年が経った翌三月に定年退職せざるを得なかった。その後、生徒たちはどう学び、考え、巣立っていったかが、私にとって気がかりであった。

神戸地区県立学校同和教育研究協議会が、私が退職後も、神戸甲北高校にその事務局を開設している。昨年、八月の神戸地区県立学校同和教育研究集会の開会行事では、神戸甲北高校の朝鮮文化研究会の生徒たちが、ケンガリ、チャング、プク、チンの楽器をもって、すばらしいサムルノリを披露したという。私は目頭が熱くなった。サムルノリは日本が弾圧した朝鮮民衆の農楽が発展した、世界に誇れる現代音楽である。私の在職時は、まだ「在日」であることを隠す生徒ばかりであった。文化祭でステージにあがり、サムルノリを演奏するまでに育っている。私の描いた夢は、私はそこにいないが、また私がいなくても、大きく実を結んでいる。

また、一期生の中に、日系ブラジル人生徒がいた。その生徒も、長いカタカナの名前を隠していたが、しっかりと名前を名乗れるようになり、自分のことを語れる主体の獲得をなし、全国のスピーチコンテストで、文部大臣賞を受賞するに至った。二期生の日本生まれのベトナム難民二世の生徒も、ベトナム人としての意識を確立し、「ベトナム語」の授業を受け、引き続き日越の仕事に就きたいとの夢を育み、大学へ進学したとのことである。

今、私が総合学科というシステムに注魂した教育理念は、開花しているようである。

神戸甲北高校では、毎年二月に総合学科発表会が開催されている。私は、このように不自由な身体であるため、出席することはできないが、全校生と来賓の前で披露された一期生のスピーチ原稿と二期生のスピーチ原稿が届けられた。それぞれ、華僑と在日朝鮮人生徒の心の奥底から絞り出された主張が繰り広げられている。

私は、何度それを読んだことだろう。読むたびに、涙する。ここに私の教育、私の夢のすべてが濃縮されていると。

神戸甲北高校では、スピーチの際には原稿を手にすることを禁止している。身体的表情を活用して、己の主張を全身で表現するスピーチの技法として、徹底させている。二人の生徒のステージ上の勇姿を思い浮かべる。生徒が育つとは、どういうことなのかを、その原点から考えていただきたい。

最後に、私を支えてくださった方々に、感謝の思いを申し上げるとともに、この二人のスピーチ原稿を呈示させていただく。

ユナ、シリョン、そして我が神戸甲北高校総合学科の卒業生たちに、言っておきたい。一〇年後、二〇年後……の君が何をしているか。どう人生を生きているかが、総合学科の、そして神戸甲北高校の真の評価となる。勁く、自らに厳しい人間として、他者に対しては心優しい人間として、生き抜いてもらいたい。

[資料1] 総合学科一期生の「自分探しの旅」

※二〇〇〇年二月に行われた総合学科発表会のスピーチをテープおこししたものである。

自分探しの三年間

鄭由娜

私は中国人です。入学当初の私には、このような大きな舞台で、中国人であるということを語る勇気などはありませんでした。しかし、総合学科生として、本校に三年間在籍しているうちに、私は、「中国人」である自分というものをはっきりと認識し、「中国人」としてのアイデンティティを確立できたと思います。この中にも、おそらく私と同じように、外国籍の生徒がいると思います。私は、そういう生徒に対して、もっと自分に自信を持って、堂々としてほしいと思います。なぜなら、神戸甲北高校には、いい意味での理解ある生徒や先生方が大勢いて、外国籍の私たちにとっては、とても居心地の良い環境であると思うからです。

しかし、三年次生の中にも、総合学科生としての意識の薄い生徒が少なからず存在しました。しかし、今の一・二年次生には総合学科生としての活気に欠け、総合学科生としての意識が薄い生徒が多いように感じられます。皆さん、もっと積極的な生き方、学び方をしてください。そして、自分というものを大切にして総合学科生としての誇りを常に持ってほしいと思います。

私は、神戸甲北高校で、多くを学びました。私は、総合学科というシステムをフルに活用したいと思いました。自分の興味・関心を大切にして、多くの特色ある科目を選択しました。「韓国朝鮮語Ⅰ・Ⅱ」、クッキング、「生活園芸」、「人権の歴史」、「人権問題研究」などです。私の時間割には、何一つ後悔する科目はありません。

すべてが私に影響を与え、そして私の将来の夢につながる勉強ができたと思います。

また、私は、高校時代に数々の体験をしました。A―「アジアと結ぶ」をキャッチフレーズに掲げている神戸甲北高校です。インターネットを通して中国の高校生との交流、韓国朝鮮語でのラジオ番組に出演、韓国とマレーシアからの高校生のホームステイの受入れなど、考えてみると、私の高校生活は、アジアで始まりアジアで終わったといっても過言ではないと思います。本校の取り組みによって、「二一世紀はアジアの時代である」という言葉がようやく理解できたと思います。

二週間に及ぶ中国既南大学への短期留学、修学旅行としての韓国旅行、友だちと秋休みに行ったオーストラリア旅行、ビザや航空券の手配、ホームステイ先の決定もすべて自分一人で行い、一人で渡ったニュージーランドへの一ヶ月の旅、これらの海外体験が、私の行動力を増進させたとともに、私の夢を大きく膨らましてくれました。

卒業後、専門学校に進みます。専門学校は、逃げ道と考える人が多くいます。私に、最後まで大学進学を勧めた先生方も、やはり専門学校に対してマイナスのイメージを持っていると、私は思います。このように総合学科においても、まだまだ総合学科に対する意識の浅い先生方が少なからず存在します。しかし、総合学科では、十人十色、多種多様な個性を持つ生徒をいかにケアしていき、生徒一人ひとりをサポートできるかが先生方には問われています。生徒一人ひとりの夢を育むこと、これが総合学科高校なのです。私には、早く実業的な世界で自分を試したいという思いが強く、専門学校は、私にとって、夢の実現への最短ルートなのです。将来、中国でも日本でもなく、外国で就職し、そして、「華僑」としての自分を料理の世界で試したいと考えています。現在、北京語、広東語、日本語、英語、そして、僅かに韓国朝鮮語ができますが、更に磨きをかけるよう努力したいと思います。

総合学科での三年間は、短い時間だったにもかかわらず、私にとって、それまでの十五年間以上に得たものも多く、大切な出会いも多くした期間でした。民族学校を卒業し、不安な思いを持って、初めての日本社会との出会いが、神戸甲北高校でした。本校で、素直に自分を表現することができ、「中国人」としての誇りを持たせてくれました。「総合学科」というシステムと、私を常に見守ってくれた周りの人々に感謝をして、スピーチを終わりたいと思います。

本当の自分に向き合うことができた高校時代

金　実　玲

昨年の発表会では、鄭由那先輩が、「私は中国人です」と切り出しました。私は、「私は、在日韓国人です」と、まず最初に話します。しかし、私は、このことを最近まで言えませんでした。

私は「金実玲」といいます。多くの在日韓国朝鮮人は、「通名」という日本名を持っています。これは、「創氏改名」によって押しつけられた名前です。

私は、国籍のこと、本名のことを、そして本当の自分を隠し、「日本人」を演じてきました。隠してさえいれば、みんなと「おなじ」日本人と思われます。私は、差別が怖くて、偽って生きてきました。

中学三年生のとき、韓国からひとりの男の子が私のクラスに転校してきました。「あいつの弁当、いつもキムチ入っとうな。あいつはくさいよな。あいつ韓国人やからな」って……、彼をけなす日本人が少なからずいました。彼をけなす目は人間を見るような目つきではなく、まるで「もの」を見るような目つきでした。私は、私のこともけなされている感じがして、「韓国人」であることがばれることを極度に怖れました。

「自分を隠す」というつらさは、日本人の子には分からないと思います。友達に「実玲は親友やから」って言われた時は、「つらい」思いがしました。偽りの私を親友と言ってくれているからです。そんなに悩むのだったら、本当のことを言ってしまおうとも何度も思いました。しかし、韓国人をけなす子の目を、言葉を思い出すと、その勇気は失せてしまいました。

神戸甲北は「アジアと結ぶ」を掲げ、いろいろな取り組みをしています。そして、韓国修学旅行があります。パスポートのことが問題になります。本校に在籍する多くの「在日」はこの問題で、悩みます。私も悩みました。自分の国に行くことで悩むのです。

また、人権講演や修学旅行の事前学習で、「在日」について、多くを学びます。これらを通じて、「私」という人間がどれほど小さい人間かということを実感しました。過去に日本が朝鮮にしてきたこと、すなわち強制連行、創始改名、土地調査事業……。

私は、「課題研究」で、自分の問題として、これらのことを研究しました。何冊かの本を読み、およそのことは理解できました。そうです。朝鮮人の気持ちは、「つらかった」と、そんな一言では言い表すことなんて出来ません。朝鮮人は日本人から限りのない屈辱を受けてきています。そして、残酷な扱いを受け、多くの人たちが、なぜ苦しむのかも分からないままに死んでいきました。

私のハンメは(おばあちゃんのことです)、当時を生きる朝鮮人の一人です。ハンメは、十七歳のときに日本に来ました。ハンメは何も分からず船に乗り、両親に連れられて日本にきました。日本人から「チョウセンジン」とけなされたこと、時には真っ白なチマ・チョゴリに真っ黒なすみをかけられたこともあると言います。ハンメは当時のことを思いだすと、私の手をにぎり涙を流します。私は涙を流すハンメの姿を見て、私が「韓国人」として誇りを持つことがハンメの何よりの願いだと思いました。初めて自分と向き合おうと思いました。

涙を流すハンメのことを考えると、ハンメのことを裏切っている自分に心が痛みました。

覚えていますか。私と同じように「在日」を隠してきた後輩が、全校生を前にステージで「在日」であることを書いた作文を朗読しました。その姿に圧倒されました。また、「在日」に誇りをもってサムルノリを演奏している仲間の存在をみると、彼女たちがカッコよく、うらやましく思えました。

これらのことが一挙にやってきて、私に決断をせまってきました。そして、文化祭で、本名でステージに立ちました。チマ・チョゴリを着て「サムルノリ」を演奏しました。ステージでは、ナソと私がマイクを握って朝文研を紹介しました。舞台に立っているとき、「私はここにいる」と確かに感じました。何よりも嬉しかったことは、みんなが「金実玲」を受け入れてくれたことでした。本当のことを正直に言って、変わったのは周りではなく、私の気持ちだけでした。私が一番気にしていた周りの目は、何一つ変わりませんでした。

その後、年次の集会にも立ちました。文化祭では話すことのできなかった私の「在日」としての思いを語りました。みんなは私の話をシーンとして聞いてくれました。また、拍手を受け、終わったあとで私のもとに多くの友達がやってきてくれました。これまでの人生の中で最も熱い体験をしたといえます。

そして、今まで、自分の中で受け止めることが出来なかったものは、私にとって一番大切なものだったことに気づきました。私はもう隠しません。本当の私として今から日本で生きていきたいと思っています……。私のことを、「シリョン」と呼んでください。

私は、高校時代を通じて「在日」と向き合うことができました。これが、高校時代の「自分探しの旅」の終着駅です。今、新しく自分の夢がわき起こっています。

私は、この三月、卒業後は韓国に留学します。正直、これまでの私にとって韓国留学などは考えても見なかったことです。私の母国語は、日本語ではなく、韓国語です。しかし私は韓国語が全く話せません。自分の国の言葉を話せないということです。韓国語が話せるようになること、これが私の目標です。韓国で、「金実玲」として生き、本当の「金実玲」となりたいと思います。そして、いつの日にか、在日韓国人として、韓国と日本の架け橋になりたいと願っています。

最後に、隣にいる友だちはあなたと「同じ」ではありません。違って当たり前です。「違う」ということだけで、人を判断しないでください。そして、見かけだけの友情関係ではなく、本当の友だち関係を築いてください。私は、高校時代、大切な友だちができたと胸を張っていえます。

[資料2] 高等学校教育改革へのひとつの試行

兵庫県立神戸甲北高等学校

1．はじめに

来年度（一九九七年）、本校はこれまで二十三年間の普通科としての歴史に終止符を打ち、高等学校教育改革のパイオニアとして位置づけられている第三の学科＝「総合学科」に改組する。そのため、昨年度（一九九五年）より総合学科の最も特色豊かである原則履修科目「産業社会と人間」を、一年生の教育課程に導入した。普通科での「産業社会と人間」の導入は殆ど例がなく、総合学科の先頭ランナーである筑波大学附属坂戸高校からは、「普通科での『産業社会と人間』の授業実践のモデルを作って貰いたい」との励ましの声をいただき、担当者一同進取の気鋭に燃え、取り組むこととなった。

2．「産業社会と人間」とは

「産業社会と人間」は、従来のような座学による理論を重視した学習を行わない。各種企業、工場、商店、農家、市場、研究所、医療・社会福祉施設、官公庁、などでの勤労体験やボランティア活動等、またそれらの各種企業や事業所等に勤める人々や地域の有識者等を学校に招く等の学習が主要な学習活動となる科目である。地域社会でフィールドワークし、実践的及び体験的な学習活動を行うことで、生徒自らが「自分探しの旅」をする科目である。

そこで本校の「産業社会と人間」では、(A)見学会、(B)勤労体験学習とボランティア活動、(C)フィールドワーク（訪問・調査・インタビュー）、(D)講演会、(E)班別講話会、(F)ディベート、(G)プレゼンテーション、等の学習活動を設定した。しかし、それだけでなく、それらを企画立案する作業や事前準備としての資料収集活動や、企画の運営及び事後のまとめ・整理・発表という一連の作業などのすべてが重要な学習活動である。また当然それらの過程で頻繁に行われることになる討議もまた重要な学習活動の要素となる。

地域社会の協力を仰ぎ、産業社会の現場をフィールドワークする多様な学習活動を行うため、四十名のクラス単位ではなく、一年生三二〇名を十六班に編成し、一班二十名を基本的な学習集団の単位とし、十七名の教師によるティームティーチングに基づき、個別学習、グループ学習、学年一斉学習、他班との合併学習等の多様で弾力的な授業形態が展開可能になるように工夫した。

教師は、あくまでガイダンスおよび助言者として生徒の学習を見守るという姿勢が要求される。生徒二〇名がスタッフ、一名の班担当教師が助言者として、学習活動を企画立案実践していく行動集団というような在り方を構想した。

3．「産業社会と人間」年間授業展開

次の表（図表1）は、私が担当したF班の年間授業展開である。網掛部分は学年による全体活動である。全体活動の企画や運営も生徒が中心となって行うよう、各班が分担を行った。F班は、七月十一日の第二回講演会を担当した。事前に講師の事務所に代表生徒が講演内容や要項の打ち合わせに行き、当日の司会進行、演題作成、記録（テープ起こし）や感想文集作り等の全てを生徒が分担した。様々な授業活動の準備を行う関係上、放課後等を使った活動も展開された。また長期休業中には、ボランティア活動・勤労体験学習・自由研究等の

■（図表1）「産業社会と人間」年間授業展開（F班）

	日　程	5　限	6　限
1	4月13日(木)	オリエンテーション(「産業社会と人間」とは)	
2	4月20日(木)	文化祭への取り組み(ガイダンス・討議)	
3	4月27日(火)	討議:研究テーマ(カップラーメン)の決定と研究方法	
4	5月2日(火)	討議:役割分担と各分担のテーマ	
5	5月9日(火)	グループ活動 ①中高生に対するアンケート用紙作成と調査活動の分担討議 ②各企業への質問状作成と送付(FAX) ③外国事情を外国人教員及び外国事情に詳しい教員にインタビュー ④店舗での価格調査、ラーメン購入と販売計画 ⑤企画書作成(展示会場配置図、使用備品) ⑥ポスター作成	
6	5月16日(火)	グループ活動 ①アンケートの集計　②企業からの返事の分析 ③外国事情調査　④購入したラーメンの価格決定	
7	5月18日(木)	(文化祭準備)前回の作業の継続、展示場設営・展示、金券の制作	
8	5月20日(土) ~21日(日)	文化祭 展示発表、試食販売(ドキュメンタリー賞受賞)	
9	5月30日(火)	文化祭への取り組みの反省会(討議) 文化祭で世話になった企業への礼状作成と送付 今後の取り組みについて(ガイダンス) 草地氏講演会の分担	
10	6月6日(火)	第1回講演会の事前学習、金子氏の資料を読み、質問状作成(ネパールやボランティア活動)	
11	6月13日(火)	第1回講演会 「ネパールで柔道を教えて」講師:金子晃氏	
12	6月27日(火)	金子晃氏講演会についての感想文作成 第2回講演会準備のための役割分担討議 討議資料により草地氏への質問状作成	

		募金活動の計画討議、ボランティアの意識調査
13	7月4日(火)	気象警報のため臨時休校
14	7月11日(火)	第2回講演会 「阪神大震災とボランティア活動」 講師:草地賢一氏(阪神大震災地元ＮＧＯ救援連絡会議代表)反省会、カンパ集計9657円
15	7月18日(火)	草地賢一氏講演会の反省と感想文及び記録の役割分担、夏季課題ガイダンス、見学会先討議
16	9月5日	見学会(神戸市立須磨水族園)についてのガイダンス、討議により質問事項を整理、夏季課題の報告書・レポートを回収、自己評価表作成
17	9月19日(火)	見学会(神戸市立須磨水族園の非公開施設)
18	10月3日(火)	ディベート説明会(学習ノートⅠ・ビデオ) ディベート大会要項発表(テーマ提示)
19	10月17日(火)	ディベート1・2回戦のテーマ学習 ジャッジ等役割分担決定
20	10月24日(火)	ジャッジはジャッジ講習会に参加、紅白戦 班別講話会について討議
21	10月31日(火)	班対抗練習試合、B班と対戦
22	11月7日(火)	ディベート大会開会式構内放送 1回戦テーマ「学歴は必要である」 対戦相手:A班(→2回戦進出) 2回戦テーマ「日本人は働き過ぎである」 対戦相手:M班(→準決勝進出)
23	11月14日(火)	ディベート大会の反省、班別講話について討議
24	11月21日(火)	班別講話会「私の職業観一中卒から看板屋社長」 講師:松本工芸社社長松本邦男氏
25	11月28日(火)	班別講話会「都市近郊型漁業について」 講師:神戸市漁協婦人部長前田まつ子氏 婦人部による調理実習
26	12月5日(火)	班別講話会の反省、講師への礼状作成
27	12月19日(火)	班別活動について討議、冬季課題説明
28	1月16日(火)	発表会ガイダンス、役割分担討議 冬季課題回収、ボランティア活動の意識調査

		班別講話会の役割分担
29	1月23日(火)	ディベート準備・練習、発表会の展示準備 第2回講演会感想文集の装丁作成作業
30	1月30日(火)	班別講話会「中国人留学生からみた日本社会」 講師:関西大学経済学部2回生鄒暁東氏
31	2月6日(火)	ディベート準決勝「学歴は必要である」 対戦相手:I班(→決勝戦進出)
32	2月13日(火)	第3回講演会「なぜヨットは風上へ進めるのか」 講師:阿部亨氏
33	2月20日(火)	発表会準備(ディベート決勝戦、第2回講演会記録集印刷製本、展示)
34	2月22日(木)	「産業社会と人間」発表会予行
35	2月27日(火)	「産業社会と人間」発表会

活動も行った。

4．学習ノートI・IIの編纂

「産業社会と人間」は、その性格上、教科書のない科目である。そこで、本校では一昨年に「学習ノート」を二分冊準備した。第一分冊はガイダンス編（シラバス）、技法編、資料編からなり、第二分冊は授業毎に企画毎に生徒が記入できるものとした。短期間で作成したものであるが、この出来栄えも自負している。

技法編の構想は、『知の技法』（東大出版会）の「大学は専門的な知識の伝達の場というよりは、……知の行為の主体になる仕方を訓練する場」であるという考え方に触発されたものである。「産業社会と人間」という科目自体が、あらかじめ設定された普遍性を伝達するという系統主義に根ざした教授法に立つ従来の教科科目と性格を異とし、目覚ましく変動する現代社会にあって、生徒たちが出口の見つかりにくいモラトリアムの状態におかれている認識上に成り立つ科目である。そこで、自らの興味・関心の次元から具体に即して、社会との接続により主体形成をはかる。その媒体が次のような技法であると考えた。電話・FAXの技法、手紙の技法をはじめ、司会進行の技法、アンケート調査の技法、ディベートの技法、論文の技法、プレゼンテーションの技法……。例えば、見学会を企画する場合、役割担当グループは、見学先に電話等でアポイントをとるとともに図書館等にて下調べを行う。その上で下見に出かけ、打ち合わせを行う。当日の日程表や交通機関や料金表及び学習内容を示した要項を作成し、グループ以外の生徒に対して配布する。当日は引率の責任者となり、事後には、反省会の中心になる。その後、見学先に反省会のまとめを踏まえて礼状を書く。これらの実践の中で生きた技法や知識を自らの側に取り込み、社会参加の実践能力を培う。このような構想で、この技法編を編成した。

5．文化祭への取り組み（F班）

「産業社会と人間」の授業が、具体的にどのような展開をしたかを、この授業の最初の大きな学習活動であった文化祭への取り組みを通じて紹介する。

文化祭に「産業社会と人間」の班別研究をドッキングさせることが可能ではないかと考え、ガイダンス編（シラバス）にこの学習計画を盛り込んだ。この学習は、各班それぞれが、討議により班毎の研究テーマを設定し、約一ヶ月半の間に調査活動を行い、発表・展示する学習活動である。特に、具体物から出発し、その背景に広がる問題を発見していく手法と、「産業社会と人間」の技法（フィールドワーク、インタビュー、アンケート等）の習得の場になると考えた。

(1) 各班の取り組み

十六班のそれぞれが、独自テーマを設定し、活発な自由研究を行った。この活動には、審査により、四賞（クリエーション賞、フィールドワーク賞、プレゼンテーション賞、ドキュメンタリー賞）が与えられることになっていた。クリエーション賞（テーマが学習内容から逸脱しておらず、なおテーマ展開に「産業社会と人間」の視点が最も感じられる）とフィールドワーク賞の両賞を獲得したのは、D班の「タバコの研究」であった。喫煙者と非喫煙者にアンケートを行い、「タバコ」問題に多角的に取り組んだ研究であった。F班もドキュメンタリー賞（調査発表過程の記録が最も優れていた）を受賞した。E班は、受賞はしていないが、神戸市街の被災を受け、その時期復興をしていた店舗を一軒一軒インタビューして廻り、記録をとるという地道な活動を行った。

(2) F班のカップラーメンの研究

F班は、阪神大震災時に大変お世話になったということで、「カップラーメンの研究」となった。

ア　研究課題

普段何気なく食べている実物を各自持参するところから研究を進めた。生徒の疑問（興味・関心）は、次のような項目であった。①各企業の製品の歴史、②製品の味、③製品のデザイン・CM・キャラクター、④製法・調味料、⑤流通と価格、⑥外国でのカップラーメンの普及状況、⑦震災とカップラーメン、⑧人気商品

イ　研究方法

①各自持参した商品の分析（製造会社、工場、内容物、添加物）→一覧表作成、②本校の外国人教師に外国事情をインタビュー、③アンケートを行う（人気商品調べ）→全校のクラスへアンケート依頼、④企業へのアンケート調査→アンケート項目の討議→生徒がワープロで原稿作成→電話・FAXでメーカーに依頼（図表2）、⑤工場見学→東洋水産工場（神戸市東灘区）に問い合わせ→震災のため未復興

班生徒が、それぞれの調査研究のグループに分かれ、熱心に活動に取り組んだ。日清食品をはじめ各社から

■（図表2）依頼状

1995年5月9日

日清食品株式会社
広報室　　　　様

兵庫県立神戸甲北高等学校
1年3組F班（20名）一同
F班代表　　　　中村加奈

依　頼　状

私たち兵庫県立神戸甲北高校の一年生は、新しい「産業社会と人間」という科目を学習しています。この科目は、教室で教科書を使った勉強をするという従来の学習ではなく、社会に出向き見学や勤労体験学習及びボランティア活動などフィールドワークを通しさまざまな実態調査を行い、また社会人講師を迎えて講演会を自分たちで企画したりする科目です。この授業は生徒20名で行われますが、私たちのクラスはカップラーメンについて現在さまざまな角度から研究しようと考えています。阪神大震災で、カップラーメンは救援物資として神戸市民はお世話になりました。そして、このカップラーメンについて詳しく調べることにしました。このカップラーメンを通じてその背景に拡がる社会文化を知りたいと考えています。

つきましては、下記の質問にお答えください。また、広報誌等の資料がございましたら、ご提供していただきたいと思います。何卒、よろしくご協力をお願いいたします。

1. 貴社が生産されている商品（カップラーメン）の商品名と価格を教えてください。
2. 上記のうち、最も売れ行きの良い商品のランキングを1位から3位まで教えてください。
3. また、一番CM等で力を入れている商品を教えてください。
4. カップラーメン総体の生産数（一日あたり）を教えてください。
5. もし貴社が、阪神大震災で援助物資としてカップラーメンを提出されている場合は、その数量を教えてください。
6. インスタントラーメンの生産開始は、西暦で何年ですか。
7. 貴社のカップラーメンの生産開始は、いつですか。
8. 海外市場への進出について教えてください。
　　①海外への輸出状況　②海外での生産状況
9. 貴社のカップラーメンの原材料の内、国内産原料は何%位でしょうか。①小麦粉　②薬味　③調味料
10. 消費者（特に被災した神戸市民）へのメッセージ

失礼な質問もあるかと思われますが、またお答えにくい事柄もあるかと思いますが、お答えいただける範囲でお答えください。

膨大な資料が続々と送付された。また明星食品からは「皆さんで召し上がってください」と、三ダースの試供品が届けられた。生徒たちは、企業がこのように協力してくれたことに感動した。また、懸命に多くの種類のカップラーメンの収集に取り組む中で、文化祭当日の「試食販売をしたい」との希望を申し出た。他班からも同様の要望があり、生徒会と担当者会議で諮った結果、「売上金の半額を阪神大震災の義援金にあてる」ということになった。

ウ　発表内容

①アンケートの集計、②各社別人気商品ベスト3、③本校生による人気商品ベスト3、④企業からの回答の分析（阪神大震災での被災にあわれた人への各企業からメッセージ、被災地への救援物資として提供数一覧、外国でのカップラーメン事情、カップラーメンの海外進出（図表3）、インスタントラーメンの歴史、原材料の海外依存度（図表5））

エ　試食販売

①販売価格決定・価格表を模造紙へ記入、②購入価格と小売り価格の比較、③試食（東洋食品・日清食品のアメリカ製カップラーメンの逆輸入商品が入手でき、これらを中心に試食、生徒は味がかなり異なることに驚いた）、④金券の制作、展示場設営・展示、⑤試食販売（会場は盛況であり、商品完売、二四、〇〇〇円の売り上げがあった。義援金一二、〇〇〇円で最高額であった。）

オ　事後活動

①企画の反省、②企業への礼状作成送付（図表6）

(3)　指導後記

■（図表３）海外進出状況（生徒が作成した模造紙より）

	輸出	海外進出
日清食品	していない	世界10カ国　21工場
東洋水産	ほとんどしていない	アメリカ２カ所　３工場
明星食品	ＥＵ、東欧、東南アジアに輸出	東南アジアを中心に６カ所の生産
サンヨー	行っていない	不明

■（図表４）売れ行きベスト３（生徒が作成した模造紙より）

	1	2	3
日清食品	カップヌードル	ラ王	どん兵衛
東洋水産	ホットヌードル	麺づくりラーメン	でかまるラーメン
明星食品	夜店の焼きそば	コク脂しょうゆ味	豚バラとんこつ味
サンヨー	カップスター	ごまんぞくラーメン	えび焼きそば

■（図表５）原材料の内、国内産原料の割合（生徒が作成した模造紙より）

	小麦粉	薬味	調味料
日清食品	100％輸入に頼っている（米国やオーストラリアなどから）。	エビ・イカを輸入しています。	100％。国内産である。
東洋水産	申し訳ありませんが、この質問は社外秘となっていますので、お答えできません。		
明星食品	100％。但し、小麦粉の原産国は米国、カナダ、オーストラリアがほとんどである。	100％	100％
サンヨー	ほぼ、100％外国産の小麦を使用しています。	商品によって異なるため一概に答えられません。	

■（図表6）礼状（元原稿は手書き）

1995年5月30日

明星食品株式会社
経営企画室　　様

兵庫県立神戸甲北高等学校
1年3組F班（20名）一同
代表　　的　場　順　子

新緑の爽やかな時候です。皆様方におかれましては、益々ご健勝のことと存じます。

先日は、私たちのいきなりの質問状に対し、細かく、丁寧にお答えいただき、また、試食品として大量のカップメンを送っていただきまして、本当に有難うございました。おいしくいただくと共に、文化祭で使わせていただきました。

「産業社会と人間」という新しい科目の授業の成果の発表ということで、文化祭で研究発表させていただきました。送っていただきました資料などと共に、模造紙に商品の歴史や、お答えいただきました被災者へのメッセージを書き写して展示したりしました。また、さまざまなカップメンを集め、来られた人々に試食していただきました。送っていただきました3ダース以外に300食ほど集めましたが、すごい人気で大成功でした。申し訳有りませんが、無料で送っていただいたのにも拘わらず、寸志をいただき、それを阪神大震災の義援金として、寄付いたしましたので、社会のために還元しましたことを報告させていただきます。

今回の「産業社会と人間」という科目で、私たち自身、実際にお店へ行ったり、資料を調べたりすることで、大変よい勉強をさせていただきました。

これからも、日本の産業社会の実態や世界の産業についても、より深く学んで行きたいと思います。今後とも、よろしくお願い申し上げます。本当に、有難うございました。　　敬具生徒は、各自の役割分担を積極的に担い、授業を離れても、グループ活動を行った。ひとりひとりの興味・関心を尊重し、さまざまな疑問から、多岐にわたる活動を生み出し、社会に接続していくことはできたと考えられる。しかし、文化祭で完結させねばならない制約があったため、残念ながら疑問を昇華させ、さまざまな社会構造まで研究を深めるまでには至らなかった。楽しく取り組みを行っていたこと、企業からの協力、試食販売やドキュメンタリー賞受賞など、「やった」という成就感を味わいながら活動できたことは、この授業の始まりにおいて貴重な成果であったと考えられた。

6. 最後に

文化祭への取り組みの実践報告を取り上げたが、夏季学習、見学会、ディベート、班別講話会、班別自由研究、「産業社会と人間」発表会と、いずれの学習活動も、本報告に優劣つけがたい実践だと考えている。

これらの学習活動を支えたのが、毎週開催してきた担当者会議であった。ガイダンス編において学習計画を用意してはいたが、企画と打ち合わせ及び担当者間の合意作りには、入念に時間をかける必要があった。その上で、担当者は自らの班の授業設計を行った。授業設計において、全体活動とひとりひとりの役割分担とを有機的に関連づけ、また全体的な時間から一回の授業の位置づけを行い、その中で生徒ひとりひとりに空白の時間が生じないよう、生徒各自の課題を明確に位置づけていくことが問われた。授業設計がしっかりできていなければ、「お粥（筑波大学付属坂戸高校での表現、『中身のない』という意味）」授業になってしまう。確かに、この言葉を実感した一年であった。

「産業社会と人間」の授業は、私たち教師側には、構想力と洞察力を働かせた綴密な授業準備と、また行動力をもったプランナーとしての資質のようなものが問われてくるものであった。ひとりの教師の力量は限られている。一七名のティームティーチングによる集団指導の取り組みが、このような授業実践を成立させたといえる。

この一年間は、「産業社会と人間」の授業準備に忙殺される日々であったが、私たちのこの新しい科目への授業実践は、今後の大きな財産・貴重な糧となると考えている。また、本年は二年目の普通科での「産業社会と人間」の授業が新しいスタッフのもとで展開されている。私たちの残した報告書に依拠して、更なる工夫を重ねて取り組んでいる。

Ⅱ

人と仕事

［1］教育改革の試練の中で

西田先生と私——教育にかける想い——

近藤靖宏

西田先生の教育にかける信念とその情熱には、深い感銘を受けるとともに、たじろがされたことも度々あった。兵庫の高校教育改革が様々な形で進められている今、私達が関わった教育の一端を振り返ってみたい。

私たちは、戦中・戦後の教育を受け、昭和三〇年代半ばに教職の道を歩みはじめ、平成十年三月に共に定年退職した。二人のつきあいは、私が長田高校に勤めていた四〇年代の後半に鈴蘭台にある教職員住宅で居を同じくし、家族ぐるみで親しくさせていただいて以来かと思う。当時の彼は、教職員組合中でも同和教育の中心的存在として名を馳せられており、私にとっては近寄り難い存在であった。その頃の私は、教科指導中心の狭い中で満足した日々を送り、国や県の教育の動向に関心を持つことは殆どなかった。

そのような私にとって、五四年三月に転機が訪れた。今思えば、それは青天の霹靂であった。終業式も間近いある日、校長室に呼ばれ、県教育委員会事務職員の選考試験を受けるようにと言われ、それに従った私は、四月から県立教育研修所の指導主事として、西も東も分からぬままにスタートすることになった。その後、一年の校長経験があるものの、教職生活の後半を県教委に身を置くことになり、その大半を教員の人事や給与を担当する教職員課勤務となったのである。この時に多くの方々と知り合い、数々の教えを受けたことが、今の自己形成に多大な影響があったことを実感している。

私が教職員課で管理主事をしていた五〇年代後半、彼も大きな転換期を迎えられたように思う。それは、長年に亘り定時制教育に多くの実績を残された湊川高校から東灘高校への転勤である。その時、これまでの教育実践を管理職の立場から考えること、次代を担う若い教師を育てることの大切さを感じ取られたのではないかと思っている。もう今だから言ってもよいと思うが、彼の転勤希望を校長から伺ったものの、これまでの教育運動の激しさや立場の違いもあってその実績の評価について両論あり、担当者としてこの異動には苦労したと言うのが偽らざる感想である。ともかく、五〇年代半ばは私達にとって人生の大きな曲がり角であったと言えよう。

凡人の言うことだが、一つの仕事に没頭している時は、教育の大きな流れや今後の方向性に気付かずに事を進めているものである。つまり、「その時、今」が教育の大きな流れの中でどのように位置付けられるのか、取り組んでいる仕事が今後の教育にどのような影響を与えるのか、渦中にあって理解できていないものである。少なくとも当時の私はそうであった。しかし、今思うにこの五〇年代は、国にとっても、県にとっても、戦後教育の大きな転換期であり、県教委に身を置いていた私は、試練はあったものの、幸せな位置におったのだと思うべきであろう。

国では、戦後教育の反省とその転換を示唆したのが昭和四六年の中央教育審議会の答申だと言われる。その前文に「……これまでのわが国では、明治初年と第二次大戦後の激動期に教育制度の抜本的な改革が行なわれたが、今日の時代は、それらと別の意味において、国家、社会の未来をかけた第三の教育改革に真剣に取り組むべき時であると思われる。……。」と述べている。先見性のある斬新な改革案として高く評価されたが、具現化されることは少なく、五九年の臨時教育審議会に受け継がれる形となった。六二年に発表されたその最終答申では、教育改革の視点として、「個性重視の原則」、「生涯学習体系への移行」、「変化への対応」の三点を掲げ、今後実現すべき新たな教育の方向を示している。平成になって中教審答申が相次ぎ、また、高等学校教育の改革に関する会議も持たれ、彼が本県で第一番に取り組み実現した総合学科の創設をはじめ、単位制高校、高校間連携、高校入学者選抜の改善、中高一貫教育等の改革案が矢継早に法改正され、各都道府県でその取り組みが進められている。

また、いじめ、不登校、青少年の非行問題の深刻化などの対応として、心の教育の充実、ゆとりの中で生きる力を育むことを目指した改革案が数多く示され、さらに、教育改革国民会議でも改革への大胆な提言がなされたところである。そして、平成十四年度から完全学校週五日制と新たな学習指導要領の展開により、二一世紀に逞しく生きる子どもたちの育成が期待されている。

一方、兵庫県の教育の動向は、国が示す改革の方向と連動しながらも、独自の紆余曲折が見られる。本県の場合、教育にからむ全国的な事件や様々な出来事を経験しながらも、常に新しい方向を先取りし、教育立県として名を馳せてきたとの想いを抱いている。

昭和四〇年代の高校紛争は全国的な傾向かと思うが、長田高校でも生徒からの厳しい抗議・糾弾があり、通常の教育活動が成り立たない一時期があった。教師は考え方の相異で袂を分かち、その権威が落ちるなどとても不愉快だった当時が思い出される。更に同和教育の在り方をめぐって八鹿事件に象徴されるような糾弾が続き、言いようのない空しさを味わったことを覚えている。当時この渦中の中心的存在であった彼は辛酸をなめられたことと思う。こうした対立や混乱は、その後の教育の方向を探る課題を内在していたとも言えよう。

五〇年代を県教委側から見ると、「教育の中に厳しさを」のもとに、教育の正常化に傾注した時期であったと考えられる。その主な事項を挙げると、五一年同和教育における運動と教育との区別、五三年教員人事における計画的交流、五五年勤務の正常化、五八年職員会議の見直し等が想起される。これらは校長を中心とする学校運営における責任体制の明確化を目指すものであったが、学校によっては反対運動で苦労されたことも事実である。

私が教職員課長に就いた平成二年、登校中の女生徒が校門で圧死した事件は、学校の管理体制や生徒指導の在り方が厳しく問われた。同年度末には高校入試の答案改ざんが発覚し、しかも校長自らの指示で進められていたとの事実が判明し、弁明の仕様がない出来事となった。この二つの事件については、マスコミをはじめ各方面からの批判は誠に厳しく、どちらを向いても冷たい逆風を受け、県教委にとっても、また私にとっても、この時程辛く、しかも多くの試練を経験したことはなかったのではないかと思っている。その後の兵庫教育の柱となった心の教育の原点が実はここに求められる。「人間的なふれあいに基づく生徒指導」、「心の通い合う学校運営」の通知は、今も大切な教育の方向を示している。

そして、平成七年の阪神・淡路大震災、九年の神戸市須磨区の少年による残忍な事件が起こり、前の事件の時とは違った対応を迫られた。特に、大震災は他とは比較できない大変な出来事であるが、それだけに多くの教訓を得た。総じて「いのち」、「こころ」の教育の大切さであり、「人間としての在り方、生き方」を考えさせられた。尊い多くの生命や財産を奪った震災から六年、全国から温かい支援を得て復興しつつある今、「心の教育の充実を図り生きる力を育む」、この教育改革の視点を兵庫から全国に発信することが強く求められる。その一つとして、本県の中学生による「トライやる・ウィーク」の事業が全国から注目を集め、その拡がりを見せていることは嬉しい限りである。

平成になってこうした大きな出来事が相次いだことは、本県の高校教育改革を遅らせる要因の一つとなった。と言うより、改革の具体化についてはコンセンサスの得にくい課題が多くあり、その解決に必要な時間が十分取れず、先送りされてきたことも事実であろう。私が教育次長に就任した平成五年は、幸か不幸か高校教育改革の問題が抜き差しならぬ時期に差し掛かっていた。この解決の方途を探るのが私の最大の課題であり、常に脳裡から離れない難解な課題でもあった。そこで、本県の高校教育の特徴やその改革への道のりについて、冗長な拙文になることと思うが、敢えて記してみる。

本県高校教育の主な特徴として、第一に学区制において、昭和三八年に定められた十五の通学区域（現在十七）がその後の大きな人口変動があったにもかかわらずほぼ継続し、学区間の学校数、生徒数に大きな格差が生じていること。第二に高校入学者選抜制度が総合、単独、連携校方式と学区間で異なること。第三に高校への進学率の急激な伸び（平成十二年度九十七・三％）と生徒急増期に当たり、上級学校進学を期待する生徒や親の願いに応えるべく普通科高校を多く新設してきたこと、が考えられる。しかし、生徒の急減期を迎えた今日、これらの特徴は、高校受験競争の過熱化につながり、多様化する個々の生徒のニーズに必ずしも応え得ない面もあるのではないか。そして、この中に改革の糸口を探らなければならないのではないかと思う。

　次に、本県における高校教育改革の経緯をみると、昭和四三年の思考力テストを導入した高校入試(六一年より現行の五教科学力検査の方式に改正)は兵庫方式と称され、全国から注目された。五〇年代後半に設置された音楽、美術、演劇等の特色学科、六一年の理数コース、英語コースの設置は全国的にもユニークな先進的な取り組みであった。しかし、高校入学者選抜制度をはじめ抜本的な改革については、その必要性の認識は強いものの遅々とした状況が続いてきたと言えよう。この課題に対して、六三年に「高校教育問題調査研究会」を県教委内部に設け、各方面の意見を聴取してまとめられたが、度重なる事件もあって、その多くは日の目を見ず、受け継ぐことになった。

　平成五年度から県教委も本腰を入れ、高校教育課に再度企画担当参事を配置し、改革に取り組む体制を整えた。一方国でも高校教育改革に関する様々な提言や制度改正が行なわれ、高校教育の新しい第三の学科として「総合学科」の創設を同年三月に通知されていた。こうした背景のもとに、県教委は「高等学校教育に関する懇話会」を七月に開き、翌年六月に報告書をいただいた。その主な内容は、単位制導入や総合学科の設置等学科制度及び教育内容方法に関すること、生徒の減少に伴う学校規模に関すること、入学者選抜に関すること、などである。この方向をもとに具体的な実施計画(アクションプラン)に取り組むことになるが、実はこれが最も困難な作業であり、コンセンサスを得るための調整に多くの時間と労力を要することはもちろん、なおかつ前進への期待感が持てずに悩んだことを思い起こす。総論賛成各論反対、抽象論賛成具体論反対という方に度々出会った。教育にかけるそれぞれの想いは右から左まで幾通りもあり、その選択、妥協の難しさを痛感している。

私が県の教育行政でこうした改革の一端を担うようになった課長、次長の頃、西田先生との付き合いも頻繁になった。彼は、北摂三田、伊川谷高校の教頭を経て、平成六年四月に神戸甲北高校長に昇任された。着任後まもない頃、県教委を訪ねられ、久方ぶりの出会いを懐かしむとともにこれからの高校教育についても話し合った。これまで歩んできた道程は違うが、高校教育改革にかけるひたむきな熱い想いを伺い、改革への偉大な協力者を得た想いを抱いた。その時、前任校で総合学科についての研究を進められていることは伺っていたが、新任校でも学校活性化のためその取り組みをはじめたいとの強い決意を示され、私も心強い味方を得た想いで賛意を表した。

総合学科について全国的にみると、平成六年度に七校の開設が報じられていた。本県は遅れをとり、平成六年度に各地区バランスをとって七校程度を研究指定校とし、二年間の研究を目処に準備の整った学校から開設することとしていた。しかし、この時点では研究指定の実施希望校もほぼ固まりつつあり、彼の学校が急遽この研究指定校に加わることは、県教委としても、降って涌いたような話として、必ずしも歓迎しなかったのではないかと思う。県教委の中で私は、彼の一番の理解者のつもりだったが、関係者への説得は簡単ではなかった。と言うのは、着任早々の校長には指定校決定にまで日時がないこと、また当時は普通科のみの学校からの移行は問題視されており、指定を受ける理由が不十分であること、さらに、前年度、尼崎稲園高校で単位制導入を急いだとして、住民をまき込んだ熾烈な反対運動があったことも影響していたと思う。県教委としてはその内定に慎重を期さねばならなかったのである。

しかし、六月六日、県が総合学科研究指定校七校を公表したが、その第一番に神戸甲北高校名が載ったのである。思えば、この間一ヶ月余り、この短期間に総合学科のひとかけらもなかったこの学校に総合学科への道を切り拓かれたのである。この間、反対する教職員への説得、保護者の理解を求める説明、そして何よりも県教委へ何度も足を運び、状況説明や依頼など、大変な労力をもって対策を講じられたことと思う。改めて彼の教育にかける強い信念と熱い情熱、そして優れた説得力、行動力に感服した次第である。

数日前、神戸甲北高校を訪れ、現校長と話をする機会があった。校長室で平成六年度に西田校長が綴られた七冊のファイルを手にした。その膨大さに驚くとともに、県教委との交換文書、校内での推進体制や研究会等一年間の取組み、活動状況を目の当たりにして、当時の彼の大変な労苦を感じ取ると共に一緒に取り組んだ私自身も懐かしく思い出された。

その後、大震災もあり、総合学科の設置は予定より遅れ、平成九年度に西播磨の香寺高校と並んで県下初の船出をしたのである。開設に至るまでの神戸甲北高校の取り組みは総合学科必置の「産業社会と人間」の生徒の主体的学習活動を中心とした多彩なカリキュラム編成やその実践発表会など、他の追随を許さぬものであった。私も二月に寒い体育館へ研究発表会に参加したが、生徒の堂々としかも生き生きとした姿に接し感動したものである。この時、ここまで漕ぎ着けられた校長をはじめ職員の皆様に感謝の気持ちで一杯になった。一方、こうした実績は、準備が整い一刻も早く開設したいとの願いが強く、このことは理解できるものの様々な理由で遅れることの説得をしなければならなかった私の複雑な気持ちが、今もって鮮明に残っている。

総合学科への設置に向けて、慎重な取組みを進めてきたが、その中で実施できた誇るべき内容が一つある。それは、入学者選抜方法である。つまり、全県を対象にした推薦入試と一般入試に分け、一般入試は五教科の学力検査の苦手一科目を体育、音楽等四教科から得意な一科目の実技試験を可としたことである。西田先生の知恵を借りて実現したこの方式が高く評価され、今後の入試改善の範とされればと思っている。

ここまで一気に書いてきて、自分のことをくどくどと書き過ぎたとの想いと、この当たりで筆を置きたいと思うのだが、もう一つどうしても書き留めて置きたいことがある。

それは、確か平成八年の暑い頃だったが、彼が学校で倒れ、病院に運び込まれたとの報を得た時に始まる。実は、その前夜、来年度総合学科の開設が固まったので、その開設に関して私をはじめ県の関係者と校長をはじめ当校の幹部職員と談を持ち、後程酒も酌み交わしていただけに、この事実は信じ難いものであった。翌日病院に駆け付けると、集中治療室で意識は確かなものの左半身が不自由とのことであった。それから約半年、リハビリ中心の病院に移られ、懸命に病魔と闘われたが、完治するのは難しい様子であった。総合学科開設を目前にして、この不自由な身体に残念な想いをされたことと思う。年度末が近づいてきて、いよいよ彼の学校復帰をどうするかについて協議しなければならない時期となった。私は教職員課の副課長を伴なって何度か病院を訪れた。彼や奥さまとも話し合い、また主治医や医院長にも会って、病状や復帰の可否について伺った。医院長の答は、一言で表現すれば不可であった。しかし、彼の復帰への願いは強く、それは執念さえ感じた。彼がこの三年間校長として、教育の理想を描き、すべてを投げ打って全力を注ぎ込んだ総合学科の開設が目の前に来ていることを考えると、復帰を願う強い気持ちは痛い程分かる。彼の千秋の想いを、何とか実現出来ないだろうかと考えた。そして、彼の執念が通じたのか、最初入院された病院の担当医から許可が降り、復帰への書類が整ったのである。

平成九年四月八日、車椅子で入学式に臨まれ、本県初めての総合学科二八〇名の入学許可と式辞を述べられたのである。その気持ちは感慨無量という表現以上のものであったろう。

現在、総合学科へのニーズは高く、全国で一四五校、兵庫県でも十三年度開設の一校を含め県下七地区のすべてに開設される運びとなった。県では、近い将来各学区に少なくとも一校の二十校程度の開設を予定している。その第一号が神戸甲北高校であり、当初困難とされた普通科高校からの移行を見事に成し遂げられたその功績は高く評価されるものである。その間の知恵をしぼり、汗を流しての努力の結晶である記録を是非残して後々に伝えて欲しい。それは、これからの新しい学校づくりの参考となることはもちろん、教育改革に意欲を持つ校長や職員に「やれば出来るんだ」という改革への果敢な勇気を付加すると思うからである。

平成十年三月、共に退職した同僚として教職の長い道のりを振り返ると、考えの違い、立場の違い、それぞれの思いはあろうが、最後の四年間を兵庫の教育改革、総合学科の創設に向けて力を合わせて仕事を終えたことは、私にとって至宝を得た想いである。しかし、彼が、本県初の総合学科開設を目前にして不意に襲われた病魔に倒れ、主治医が無理とする学校復帰を彼の執念が可とし教職を完遂されたことは感服するが、今なお不自由な生活を強いられている姿に接すると、成果の影にある大きな犠牲をどう考えてよいのか、複雑な気持ちになるのは私だけであろうか。今後とも健康には十分ご留意の上、益々意気軒昂でご活躍されんことを祈念して筆を擱く。

（元兵庫県教育次長）

喧嘩の仕方と心の広さを教えられた

上田統雄

県立学校関係に勤務した四〇年に近い歳月に幾人の校長先生とお出会いしたか定かではないが、西田秀秋氏は私にとって印象に残る校長先生の一人である。

最初にお目にかかったのは先生が湊川高校、私が兵庫高校に勤務していた時であった。

たしか、あれは昭和四四年（一九六九年）、日米安全保障条約改定を巡って学生運動が激化し、その波が高校にも押し寄せていた時であったように思う。勤務する我が兵庫高校も例外ではなかった。受験体制反対（それほどの受験校ではなかったと思うのだが）の声をきっかけにして、あれよあれよと思う間に全共闘なる組織が結成され、大衆団交、校長室の占拠、授業ボイコットと……村上龍の小説「69」が描くような時間が経過していった。

こうしたいわゆる学園紛争が後半になると兵庫高校の同和教育のあり方に発展していったのは、権利意識に目覚めた生徒にとって至極当然のことだったのかもしれない。

時あたかも、兵庫高校と同居する湊川高校でもこの問題をめぐって激しい議論が闘わされていたのではないかと思う。西田先生も私も三〇歳前半の青年教師、血気盛んなころだった。

同和教育について理論的にも実践面においてもはるかに先行していた湊川高校の先生方に、我々兵庫高校の教師たちはこっぴどくたたきのめされた（湊川の方ではそんなつもりではなかったとおもうが……）。

地区の生徒や在日の生徒も多く学んでいた兵庫高校に勤める教師として、同和教育について一通りの学習はしたつもりの我々にとって、湊川高校との話し合いの中で、「足を踏まれた者でないとその痛みは分からない」、「兵庫高校には積年の恨みがある」といった痛烈な言葉の前に返す言葉もなかった。

こんな湊川高校教師集団のリーダーの一人として当時活躍していたのが西田先生であった。紛争の渦中のこととて、高揚した生徒の中には、時として我々兵庫の教師に対して暴言を吐いたりする者がいたりするのだが、こうした時、教え子を厳しく叱責するのは決まって先生だったように思う。

湊川の先生方との話し合いをじっくり拝聴しながら、経験が乏しく若かった私には、敵か味方か、そして、理解を示さない者を徹底して攻撃するという彼らの方法に一方で反発を感じながらも、西田先生のドスのきいた攻め方や、生徒への指導力と若い先生方をまとめるその統率力には、一軍の将たる貫禄を感じたものであった。

また、この頃だったと記憶するのだが、西田先生をお呼びして、三宮の国際会館で兵庫高校の全生徒を対象に同和教育のための講演会を開催したことがあった。

静かな語り口の中で話されたいくつかのエピソードや静かに耳を傾けていた当時の生徒たちの姿を今でも鮮明に思い出す。

あれから先生と私は学校も変わり、違った道を歩むことになったのだが、二十数年を経て先生と私は再び同じ神戸地区の校長として顔を合わせることになった。

平成七年一月十七日。大震災。

勤務する我が兵庫高校校舎には亀裂が入り校庭にも大きな段差ができた。

壊滅的な打撃を受けた地域の住民を中心に約二五〇〇人の人々が、学校に避難してきた。

生徒たちが勉強する場所がなく校長として困り果てていた時、助けて頂いたのが西田先生であった。

先生が勤務されていた神戸甲北高校に兵庫高校の一年生が間借りすることになったのである。

当時、神戸甲北高校にも災害支援のため陸上自衛隊のトラックが出入りしており、他の学校に教室を貸すことに反対の声もあったのではないかと想像するのだが、かつての将の面影に穏やかさを加えた風貌で、「どうぞ、うちを使って下さい」といってくださった。

兵庫高校全校生が他の学校のグラウンドに仮設校舎を建てて移転する四月までの二ケ月間、西田校長先生の計らいで兵庫高校の先生方や生徒たちも不自由のない時を過ごすことができたと心から感謝している。

神戸甲北高校を去る時、記念に交換したアメリカ楓も兵庫高校の校門脇で元気に育っている筈である。

私の教員生活の中で最大の試練だった「学園紛争と大震災」。この二つの時期に不思議な縁で出会ったのが西田先生であった。前の時期には喧嘩の仕方を、後の時期には心の広さを先生から教えられた。

まだまだ書きたいことは山ほどある。先生が早く全快されて、校長会の時のように一献を傾け合うことができる日を心から願っている。

（元兵庫県立兵庫高等学校長）

西田さん、ありがとう――『日本における部落差別の謂れ』を読んで――

小野四平

西田さん、ありがとう。

私は、いま、このありがとうを三〇回ぐらい言いたいと思っています。送っていただいた『日本における部落差別の謂れ』（このあと『謂れ』と略称させて下さい）を、いま読み終わりました。送っていただいて、すぐ読みはじめたのですが、なかなか読み進めませんでした。いろんなことを考えさせられて先にいけなかったのです。

三五年に及んだ宮城教育大学での仕事を終えて、二年近い時間が流れました。いま私は、新しい職場で、新しい学生たちと悪戦苦闘を重ねております。その戦いの中で、ほとんどの精力を使い果たしています。そんなわけで、できるだけ昔のことを忘れようと努めてきました。昔のことは、今の私にとって何の意味もありません。それは、私を無意味に疲労させてしまうのです。昔のことを忘れようとして、二年も経ちますと、お蔭様で大体のことを忘れることができ、少しずつ前を向いて歩いていけるようになってきております。

困ったことに、そんなふうにしているうちに、大事なこと、忘れていけないことまで忘れてしまっていることに気付いてびっくりしています。西田さんのところから文章執筆の依頼があって引き受けたのですが、どうしても書けなくなっていたのです。何度もペンをとったのですが、ダメでした。昨年の三月に、思い切って身辺の整理をして、メモも記録も所在不明なのです。本当に困ってしまっておりました。

『謂れ』が、そこに飛び込んできたのです。この書物には「宮城教育大学人権教育講義録」というサブ・タイトルがついています。この文字が目に入ってきたとき、忘れていたことで、忘れてはいけなかったことの幾つかが、よみがえりました。そして、『謂れ』のページを開いて、読み進んだのでした。

一九九五年十月に、西田さんは宮城教育大学の教壇に立たれました。そのことが、『謂れ』の「あとがき」に書いてあります。そうです。宮城教育大学の「人権教育」は、あなたがはじめて本格的に担当して下さったのでした。この授業が実施されるまでのことを、書いておきましょう。

この前年、一九九四年の十一月になって、宮城教育大学は初めて文部省の主導による「改革」の仕事に取組みました。それまでの十年あまりの間、大学はその仕事をサボっていたのです。大学の外部の人には分かってもらえないようなおかしな理屈を言う人たちがいて、その人たちが「文部省に抵抗」していただけのことなのでした。そのような「抵抗」などに何の意味もないのだということを大学が悟るのに、十年あまりの時間が必要だったのでした。こうして「改革」に取組み出したのですが、運の悪いことに、その仕事が私のところに転がり込んできてしまいました。何とかして断りたかったのですが、ムリでした。止むを得ません。

私は、これを引き受けて何度か文部省に行きました。結論として言えば、少子化による教員需要の減少に対して、大学としてどのように対応するのかということでした。大学の教員養成課程の学生定員を減じて、新しく生涯教育総合課程を設けることにしたのです。これは一九九六年四月から正式に施行され、今日に至っております。「人権教育」の授業は、私の、この「大学改革」の仕事の中で提起され、それが実現したものなのです。

一九九五年の四月か五月頃のことです。文部省で、私は突然尋ねられたのです。「宮城教育大学は、どうして人権教育の一環としての同和教育についての講座を開かないのですか」。私は、この質問に驚きました。当面の、「改革」の仕事と、どのような関連があるのか分らなかったのです。いろいろ、こちらから質問してみて、少しずつ事態が分ってきました。

実は、大分以前から、文部省は各大学に対して機会あるごとに同和教育の実施をうながしてきていたというのです。大学側の学長とか学部長とか学生部長たちは、そのことを知っていたのです。けれども、特に東北地区の大学では、文部省の要請に対して何一つ対応してこなかったのです。そして、このような情況について、大学の一般の教員たちは何も知らされていなかったのです。私も、このようなことを何一つ知りませんでした。同和教育の推進について言えば、文部省の役人が開明的でした。しかし、大学の管理責任を負う教授たちは、きわめて鈍感でした。あるいは保守頑迷でした。政治的に「進歩」的な人ほど、そうでした。

どうしてこんなことになったのか。私には全く理解できませんでしたが、今度『譚れ』を読んで、少し納得できるところがありました。これは偶然のことでなかったのだということを、今度やっと分ったのです。

さて、私は、大学に戻ってから、あちこちかけめぐって文部省の意向を伝え、同和教育の必要を訴えました。しかし、なかなかラチがあきません。たちまちのうちに時間が経ってしまい夏休みが終ろうとしていました。このままだと年度内の開講が間に合わないことになるかもしれません。いちばん困ったのは、大学の中の「教育学」担当の教官たちのサボタージュでした。私は、厳重抗議をして、この問題を教授会に提起し、やっとのことで開講にこぎつけることができたのです。

西田さん、あなたは『謂れ』の中で、高橋和巳の『我が解体』について触れておられます。あそこに書かれていることは、実は宮城教育大学のような地方の小さな国立大学の中にもあります。もちろん形は違います。しかし、様々な形の、それはまぎれもない差別です。有形無形の差別が、みごとに生きています。もしかしたら、国立大学とは差別の巣なのかもしれません。

西田さん、あなたは、このような所で、そこで学ぶ学生たちのために、このような授業をして下さったのです。そのことに対して、私はありがとうを申しあげたいのです。学生たちのために、何度も何度もお礼を言いたいのです。

『謂れ』を読んで、私も、たくさんのことを学びました。知らなかったこと、気づかなかったことを学んだのです。その中でも、私にとってショックだったのは、「昭和四四年に同和対策事業特別措置法」の制定があったということでした。それが「明治四年の解放令から、ちょうどこの一九六九年の七月十日は、数えてみたら九八年目になります」(一三一ページ〜一三二ページ)のところで、思わず立ち止まってしまいました。九八年という、すごい長い時間。このことを、私は知りませんでした。この法律をめぐって展開された、当時の政治情況についても、はじめて分りました。大学の中の同和教育に対する鈍感な対応が決して偶然でなかったことも、ここでやっと分ったような気がしました。知らないということは、時として、恥を越えて犯罪に近いことがあります。今、私は、そのような罪の意識にとらえられています。

昭和四〇年代といえば、大学紛争の最中でした。あの頃、大学の中で同和教育のことを話題にしたことを思い出します。それは、なぜか、いつも受け入れられませんでした。不思議だと思いながら、結局のところ日常の仕事の中で、それ以上つきつめることもなく過ごしてまいりました。

もう一つのことも書いておきましょう。

島崎藤村の『破戒』についても、今度初めて色んなことが分りました。誠に恥ずかしいのですが、大江磯吉という方のことを私は何も知りませんでした。なぜ、どこで間違ったのか知りませんが、あの丑松青年は謝罪して出直し、やがて「松本治一郎」という方に生まれ変ったのだと思い込んでいたのです。度し難いという言葉がありますが、今、私は、自分で自分のことを度し難い奴だと思っています。知らないということは、やはり犯罪に近いことだと、改めてしみじみと思っているところです。罪ほろぼしのために、私にできることはあまり沢山はありません。そして、残された時間もあまりに少ないのだと思います。けれども、ほんの少しでも出来ることはやらなくてはいけないのでしょう。自信といえるほどのものは、もちろん全くないのですが……。

恥ずかしいことは、このくらいにします。

『謂れ』を読んで、いろんなことを思い出しています。そうしたことについても、ここに書きたいのですが、同和教育のことについて、私はあまりに多くのことを知りませんので、ここにくわしく書くことは控えたいと思います。あらためて日本人の精神構造を文化史の面から考えてみたいと、そのことだけを書いておきます。

ところで『謂れ』の中の一四九ページの部分で、私は、本当にショックを受けました。そのことだけは書いておきます。「部落問題は日本民族全体の問題」なのだとおっしゃる西田さんの言葉が、本当にそうだという形で私の胸の中に落ちてきたのです。

このような所で、不意に、中野重治の『五勺の酒』を思い出しております。この作品については、昔、林竹二先生のお話をうかがったことがあるのです。私は、大学の学生の頃に読んだのですが、林先生は、この作品が発表されたころに読まれたそうです。「とても印象深いものでした。あの作品を読んだ時のことをよく覚えています」。先生は、こうおっしゃっておられました。

一九九五年に、西田さんに受けもっていただいた「人権教育」の講座は、一九九七年に二度目を実施しました。二度目も、西田さんにお願いしましたが、その時に神戸から仙台まで車椅子でお出で下さいました。仙台の空港までお迎えに行ったことを覚えております。お嬢さんがご一緒でした。先生の体調を、とても心配したのですが、きちんと予定を消化していただき大変感激いたしました。西田さんの「人権教育」に寄せておられる力強い情熱を忘れることができません。こんど、『謂れ』を拝見して、そのことを改めてはっきりと感じる思いがしたものであります。本当にありがとうございました。

こうして書いていて思い出されるのは、九六年六月に西田さんが脳梗塞で倒れられたとき、その現場に私は居合わせていたということです。

あのとき、私は西田さんのお招きをうけて神戸甲北高校に行っておりました。カメラマンの小野成視さんと一緒でした。私の訪問は甲北高校の国語の先生方との授業検討会に出席することが目的でした。その検討会の最中に、西田先生が倒れられたのでした。

発病後の西田さんが、その驚異的な精神力によって、病を克服されたと聞いておりました。一九九七年の「人権教育」の講座について心配していた私は、この年の夏に一年半ぶりに甲北高校を訪ね、西田さんにお目にかかりました。その時のお元気なお姿に接し安心したことを覚えております。

西田さん、私は『謂れ』を読んで、その読後の感想を書くという形で、ここまで蕪辞をつらねて参りました。ほとんど犯罪に近い、私の無知を告白するというものになってしまいました。申し訳ありませんが、この文章を書かなくては、私として前に進めそうにないと感じてしまったのでした。どうか、お許し下さい。

感謝と、お詫びの気持ちとを込めて、この文章をしめくくりたいと思います。その前に、もうひとつだけ、書いておきたいのです。

西田さん、実は、私は、おうかがいしたいことがまだまだある、と思っています。中野重治は、私にとっては「人格」であるより「書物」なのです。そのイミで、中野重治は若い頃からの私の愛読書以上のものでした。いろんなことを、私は中野重治から学びました。その中野重治と親しかった西田さんに、彼との出会いと別れとを、いろいろとうかがいたいものだと思います。

林竹二についても、うかがいたいものです。西田さんと林竹二について、その出会いと別れについて、私には想像できないところがあります。もしかしたら、このことについて考えることは、日本における部落解放そのものについて深く考えていくための一歩になるのかもしれない。そんな予感が、あるのです。

西田さんを真ん中において、その両側に中野重治と林竹二を並べてみる（この失礼な表現は、この際お許し下さい）ことは、いまの私にとって特に重要であります。「差別」という歴史上の事実を超えていくための、そのゆるぎない第一歩が、そのあたりにあるのではないか。後戻りすることのない、確実な第一歩が……。というような思いにとりつかれているのです。

まだまだいろいろあります。でも、今日はこの辺でペンを置くことにします。また西田さんがお元気の時に、もし神様がチャンスを与えて下さったら、いろいろおうかがいしたいものであります。どうか、お元気で頑張って下さい。

奥さま、お嬢さま。そして、連帯しておられる方々の、みなさまによろしくお伝え下さい。

（元宮城教育大学教授）

〔2〕生徒との関わりを原点として

退職される西田秀秋先生へ

金　時　鐘

西田さん、よくぞ職責をまっとうされました。職務半ばで体の自由を失ってしまった西田先生を、学校挙げてもりたて、学校長という重責をまっとうさせてくださった神戸甲北高等学校の教職員の皆みなさまに、長年の友人の一人として心よりお礼申し上げます。併せて、失意の彼を現場の職務に復帰させてくださいました県教育委員会のご高配にも、深い敬意と感謝を申し添えます。

人生のある時期に、自分の生き方や考え方を更新させるような人やものごとに巡り会うということは、羨望に値する。と言ったのはとある詩の大先達でしたが、私にはそれが四〇すぎて出会った部落出身教師の西田秀秋であり、彼が中心となって、いや先駆けて一切の差別を許さない教育実践を解放教育としてうねらせていた運動の拠点校、湊川高校に任用を受け、一五年余在職したこととそれは重なっています。

社会的な弱者に思いを寄せ、絶対少数者の側に立ちきる志の厳しさや、思いを実践に移すことの労苦の重さ、その隘路の深さを知ったのも、ひるむことを知らない西田秀秋の、あくない執念の行動のなかからでありました。おかげで生徒との関わりを原点とする、日本の心ある多くの教師たちと今も友情を分かち合っています。それほどにも、彼の存在は大きく、対する者にその大きさは重くのしかかりもしました。

だからこそと言うべきでしょうか。彼は私相応に誤解を買いやすい男でありました。差別には毫末も妥協を許さない、彼の強固な意志力が強引とも映ったり、西田秀秋と同等に意見を交わす関係が周辺に少なかったことから、必要以上に彼が先んじることが多く、それがとかく独善とも受けとられたりもしました。これ皆が部落出身教師としての、いたたまれない思いの激化であり、噴出であることを、親しいはずの周辺が見すごしたことに由来します。

西田秀秋先生は天分ともいえるほど、指導者の資質に恵まれた人です。それだけに彼は常に先頭であらねばならない存在でした。その彼が自己の存在性のような隊列の先端で体をこわし、今日第一線の現場から身を退いていきます。したがって彼は引退するのではありません。常に先駆けていた彼が今ようやく思考の原点、意識変革の中心に立ち帰っていくところです。

友よ、教育の基点に人権を据えつづけた友よ、
君が整えてきた実践の隊列から
病んで傷ついた君を
後方へ送る。
人は尊敬されるべきだという意識の変革は
今なおつづいている長い道程の闘いだ。
君が透かし見る行く手の起伏を

立ち帰った君のその居場所から発信してくれ。
友ら集い、思いを束ねて
君を　家族のいる
後方へ送る。

（詩人）

続け、第二、第三の「西田秀秋」

高士　薫

新聞記者にも「原体験」があるとするなら、西田さんは私にとって、まさに、重い「原体験」だったように思える。

確か、一九八〇年だったと記憶している。「一度、会うておけ。決して無駄にはならん」という先輩記者に連れられ、県立湊川高校を初めて訪ねた。ずんぐりとした人物が職員室から現れ、小さな部屋に案内された。そしてうかがったのが、当時、うわさに聞こえた「湊川の教育」の断片である。「すごい人がいるものだ。校長でもないのに、まるで学校のすべてを取り仕切っているような物言い。この自信、この迫力は、いったいどこから来るのか」。第一印象を包み隠さずに言えば、こうなる。

それからしばらく湊川に通い、授業ぶりを拝見したり、演劇部のけいこを取材したりした。演劇部では、聾唖の女生徒を中心に据えた芝居づくりが試みられていた。手話で芝居が進むのではない。声が出ないはずの生徒に台詞を語らせ、健常者の役を、まさに全身で演じさせようとしていたのだ。女生徒は懸命だった。舞台に立つ他の生徒たちも、演技をしながらも彼女の口の動きを追うまなざしは真剣で、なかなか確たる言葉にはならない声に、耳を研ぎ澄ませているように見えた。なんと過酷な指導なのか、と思った。しかし、けいこを重ねるうち、女生徒の声は少しずつ確かなものになった。そして、その声に慣れた他の生徒たちも、彼女が何を語ろうとしているのかを、まさに一語ずつ、聞き分けられるようになっていった。

相互に見せたその成長は、衝撃だった。西田さんは言った。「聾の子に、手話に閉じこもらせてはいかん。精いっぱい声を出し、全身で相手に思いを伝える。そのすべを身に付けないと、彼女の世界は広がらない」

遠い過去の記憶であり、もちろんこれは、西田さんの正確な発言ではない。だが私の胸には、そんな言葉で刻み込まれている。

「同和教育」とは何なのか。それは「部落史」を教えることでも、「差別はいけない」と教えることでもない。生徒一人ひとりを深く知り、背景を知る。教師が生徒に全身でぶつかっていく。それが「同和教育」「解放教育」の真骨頂なのだと、西田さんの実践は教えているように思えた。

とことん生徒にかかわっていく。これはしかし、並大抵のことではないし、カリスマ性とも呼べる〝大ボス〟の資質を身に備えた西田さんにしても、すべての生徒にかかわり、かつ十分に育て得たわけではないだろう。西田さんは、人への思い入れが人一倍強いに違いない。そのことは必然的に、

「思い入れ」を受けることができないまま巣立つ生徒を、生み出したようにも見える。神戸で部落問題の取材を続けるうち、西田さんの教え子や、その兄、姉たちと知り合う機会があった。心酔している教え子がいた。反対に「恨んでいる」とまでいう人もいた。人から、これほど好悪、明暗、極端に二分された評価を受ける人を、ほかに知らない。

一九八三年、「八鹿高校事件」の神戸地裁判決を前に、集中的に当時の関係者を取材し、紙面連載したことがある。事件当時（七四年）の八鹿高校部落解放研究会の生徒たちになかなか接触できないでいた。連絡のつく生徒が半数ほど。ついても、「話したくない」という子が多かった。西田さんに相談すると、ほどなく一人の女生徒を紹介していただいた。そして、事件の渦中にいた当事者としての思いと、その後の九年間を聞くことができた。彼女は結婚し、部落差別から逃げることなく胸を張って生きていた。事件後、西田さんがかかわり、支えた生徒の一人だった。

神戸と但馬。しかも教え子というわけでもない。西田さんはこんなふうに、人を育てる〝力〟を示す。

湊川を離れてからの西田さんは、東灘、北摂三田、伊川谷、神戸甲北と転勤を繰り返し、駆け足で階段を上っていった。私も取材で、あるいは招かれてそのすべての学校にお邪魔し、各校での西田さんを拝見してきた。時間と、教頭、校長へという立場の変化が西田さんにもたらしたものを私なりに振り返るなら、「温厚になられた」というに尽きる。湊川時代の、今にも机をたたきそうだった怖さ、迫力はさすがに薄れ、教師を育てることに使命を見出だしておられるように見えた。ただ、温厚とはいっても、あくまで「西田秀秋」という人物の中での絶対評価であり、世の温厚な教頭、校長先生の対極にあったことは言うまでもない。校長の口から、相変わらず活動家の言葉が次々と飛び出したし、神戸甲北での総合学科への取り組みに見られたように、教育を変えることへの執念と情熱は、おそらくは、時とともにより強まっていたのではないかと推察する。しかし、西田さんが教頭試験を受けたころから、「管理職を目指しておいて、何が解放教育だ」という陰口を、これまた神戸の教育界あるいは部落解放運動にかかわる人たちの何人からも聞かされた。西田さんが校長になったのち、そんなことどもについて、一度、しっかりとインタビューをしておく必要性を感じた。

手元に一枚の記事の切抜きがある。九四年九月十一日付の朝刊だから、神戸甲北の校長に就任されて半年後の記事だ。「編集委員インタビュー　解放教育の闘士から〝転身〟した高校長・西田秀秋さん」という見出しに続き、「いい先生を育てたい」「眼前の人権に強くなれ」という言葉が大きく紹介されている。

その記事から、西田さんの言葉を引用したい。はたして、西田さんが管理職になったのは間違いだったか。「一般論、啓蒙論としては熱心に人権を説いても、目の前の課題、子供の具体的な人権を守ることに弱い教師が増えている。どの生徒が被差別部落出身かも把握せず、部落史だけを教え、差別はいけないと説く同和教育ほど無責任なものはない。そのあたりに（同和教育の）衰弱の原因があると思う」

校長としてどう活性化させる

「部落史の授業をやめさせた。部落にしても民族問題にしても、特別視する必要はない。若い先生にはいつも、普通の生徒指導と同じように、直接ぶつかっていけ、と言っている。部落の子、在日の子などがいれば、担当教師にまず家庭訪問をさせる。現実にぶつかることからスタートだ」

「それと大切なのは授業。授業のかなりは教師の独り善がりだ。公開授業をどんどんやって互いにチェックする。そして教材研究を徹底させる。例えば新聞も生きた教材になる。一つの記事を素材に、どう教えるのか、教師間でリハーサルをしてから授業に臨ませる」

「教師という職業は、教壇に立ったその日から、人生の大先輩として子供に向き合う。しかも第三者にチェックされることもない。よほど謙虚でないと、三年もたてば傲慢な教師ができあがる。学校とは、人間をつくるところ。人間を育てるには、教師がまず自分を磨くこと。大変な仕事だとは思うが、湊川を離れて『案外、ええ先生がゴロゴロしとる、その人材を育ててないだけや』と思うようになった」

インタビューをしながら私は、湊川時代の西田さんと、何も変わっていない、教育の対象が、個々の生徒から若い教師たちへと変わった点を除けば、何も変わっていない、と半ば安堵していた。校長としての物言いにしてからが、湊川時代から、すでにそうだったではないか、と。

そして聞いた。

〝裏切り〟説がある

「教頭試験を受ける時、一緒に活動してきた仲間にこう言った。『今まで裏参謀のような立場でやってきたが、やはり表の責任者にならないと学校は変わらない。管理職になって、もしおれの思想が変わればそのときにたたいてくれ。変わらない自信はある』と」

「たたく」必要性は、結局、生じなかった。

ただ、引退が惜しまれる。西田さんの退職が、教育現場にどんな影響をもたらすのか、それが懸念される。

須磨で連続児童殺傷事件が起き、ナイフを持つ子がこんなにも増え、「キレた」と簡単に人を刺してしまう今の少年たちの姿を見る時、西田さんが唱え、実践してこられた教育こそが、いま、切実に求められていると思わないではいられない。「目の前の課題を何より大切にし、現実に、直接、ぶつかっていく」。その教育の根っこが、はたして各現場でどう機能していたのか。事件の現場を取材し、あるいは取材の報告を聞くたびに、根っこがやせ細っている、という悲しい思いにとらわれる。

学校教育はもちろん、一人の少年少女を育て上げる一要素に過ぎない。限界はある。しかし私の娘たちが受けてきた公教育を思い返してみても、「先生」の影響力は絶大だった。小学校、中学校、そして高校。慕うことのできる先生と出会えた年は、子供は元気だった。よく学び、よく遊んだ。学校の話をよく家でした。しかし、そうでない年もあった。顔は暗くなり、勉強を、学校をいやがり、非行に走る心配を、親はした。

社会の変化に伴って、当然、教育のありようは変わる。しかし、決して揺るがせにしてはならないものがある。「直接ぶつかれ」「独り善がりな授業をするな」「謙虚であれ。自分を磨け」。こうした原点に立つ先生が、この神戸に、兵庫に、どれだけ根付いたか。

西田さんのように、強烈でなくていい。ただ、原点の〝火〟を絶やすことなく燃やし続けてほしい、裾野を広げてほしい。

「西田秀秋」という原体験を、しっかりかみしめながら。

（神戸新聞記者）

わたしの中の、西田さん

わたなべひろやす

一　出会いについて

「出会い」を辞書で引くと、「思いがけず会うこと。めぐりあい。」とあり、続けて「出合いとも書く。」と説明されています。わたしはこの二つの言葉を使い分けるようにしていますが、思いこみというか、拘りです。わたしのいう「出会い」とは、たんなる行きずりのことではなく、会うことによって自分が今までとは違った人間に生まれ変わってしまうという意味です。

幸いにも、わたしはこれまで子供たちはもちろん、いろんな人びととの出会いに恵まれてきました。それによって支えられ、眼を開かされてきたからこそ、今のわたしがあります。西田さんとわたしとの関係は、まさしくその「出会い」というべきでしょう。

その西田さんが、このたび退職されたのを機に、このわたしにまで原稿の依頼がありました。感激でいっぱいです。お言葉に甘えて拙文をお届けいたします。

二　三冊の本がわたしに語りかける

わたしも退職して、まる十年。あれからずいぶん時間の経過がある中で、机の上の本立てにはずっと以前から三冊の本がわたしに語りかけています。ひとつは、西口敏夫先生の「水平社宣言讃歌」、そして西田さんの「おきみやげのはなし」。もう一冊は、兵庫・授業を考える会の「授業が生きる光となる」です。どういうわけか、時々開いては、くり返し読んでいるんです。読むたびに赤鉛筆で線を入れたり、付箋を貼りつけたりしています。現場を離れてもなお、いまだにそれに拘り続けているのはなぜなのかと、ふと不思議に思うことがあります。そこに書かれている言葉や文章のひとつひとつにはもちろん、いつもその行間に溢れる気魄と深い人間の絆と思いに、ただただ圧倒されてばかりいます。

「地下の女のはなし、それも自分のおふくろのはなしを聞いていくことは至難なことである。」ではじまる「おきみやげ」のはなし（二二四頁～二二五頁）。さらにそれは、「『遺言や思うてきくさかい』の私の前置きではじまった『おきくさん』の話は、省略があっても、地下の女の生き方は鮮明に出てきているはずだ。」へと続いていきます。

読み進めながら、わたしはいつの間にか、自分の母とのやりとりを思い出していました。町の婦人会や農協のこととなると、俄然勢いづく母も、いざ自分の生い立ちや結婚につながる話では、極端に寡黙になりました。話の中では出さなかったことも、亡くなる前に残してくれたわたし宛の手紙には母の思いが綴られていました。魚の行商で生計を立ててきた自分の父親、字を全く知らない母親。でも朝夕は仏前で手を合わせることを決して忘れなかったこと。女ばかりの八人姉妹の五番目だったわたしの母だけが、他の姉妹の犠牲に支えられて女学校に通った。その学校で物がなくなると、いつも疑われた。その悔しさに家では母親と抱き合って何度泣いたことか。父に見初められて「渡辺家」に嫁いだが、姑から徹底的にいじめられた。いじめられながらも、いつしか自分も部落を差別する人間になり果てていたことなどがその内容でした。わたしが二〇歳を過ぎた頃、母から「どんなに貧乏な生活でもいい。しかし水平社の人と縁つづきになることだけはやめてほしい」と言われ、部落問題には全く無知のわたしは、大げんかをして家出（六十日間）したことがあります。（以下、略）

「授業が生きる光となる」の中で、何度も目を通しているのは、八〇年八月三一日の「声明」です。当時、わたしもこの声明をもらいました。

三　忘れられない日教組教研

西田さんと初めて出会ったのは、たしか「解放教育」No.41（一九七四年十一月／明治図書）だったと思います。しかし、直接の出会いは日教組第二四次岡山教研の「人権と民族」分科会（一九七五年一月二四日〜二七日）だったことだけははっきりしています。公然と差別を正当化する、とにかく恐ろしい分科会でした。差別の嵐を目の当たりにしながら、日教組本部は「発言の自由、表現の自由」を盾に、差別発言を半ば野放しにさえしました。その中で、わたしたちは「こんなことでいいのか！」と、身震いし、歯軋りしながら教研本部への抗議を続けました。そこで西田さん、広島の本庄盛さんと出会ったのでした。どうしようもなく硬直化した官僚組織・日教組が、いかに現場の実践と隔絶した位置にあるかを、わたしたちはその場でいやというほど実感させられました。実践の現場と完全に切れている日教組ではあってもわたしたちの組合です。このとんでもない分科会を文字通り正常化するのは授業しかない、差別を切り裂く実践で人間を取り戻す闘いしかないとの思いで、全国を飛び回りました。

「石川解放研の十五年」の中に、西田さんの文章があります。「今は懐かしい感じで思い出せますが、全国教研が始まる前々日ぐらいから、福岡のわたなべひろやす、広島の本庄盛氏両氏と私は、その地に詰めて、全国から参集してくる仲間の実践家を心待ちしていました。（中略）三人はよくある組合幹部の組合員大衆の引き回し、政党サイドの功利主義の跳梁跋扈するのとは無縁のところで頑張っていたんだなあと思います。（後略）」というところ。レポートを分析し、明日からの方向を見出すための示唆を受け持つのは、いつの場合も西田さんの役割でした。仲間だからこそ妥協のない相互批判が受け入れられていました。

この分科会が、多くの仲間の力で一応まともになった？のは、たしか水戸教研だったと記憶しています。最近は、内側に緊張関係がなくなり、別の意味でおかしくなってきたと聞きますが、ホントですか？　かけがえのない宝を継承し発展させることの、この上もないむずかしさを痛感します。当時のレポート分析や、その背景となっている実践の中味をきびしく点検し鍛えあう作業は、もうやめになったのでしょうか。西田さんを中心に夜を徹して続けられたたたきあいの中でレポートは次第に豊かになっていきました。その研ぎすまされた内容を手に、実践家たちは自信を持って本番にのぞみました。おかげでこの作風は、教研だけでなく自らの実践を創造する仲間たちによって全国に広がっていきました。このことは今も、わたしの支えになっています。

四　わたしごとでしめくくり

退職した年の五月、わたしは弟夫婦のいるウイーンで過ごしていました。ある日突然かかった国際電話は「とにかく帰ってこい！」の一言。帰ってみると、有無を言わさず今度は「議員になれ！」これまた命令口調。思いもよらないことで即座に拒否。それから二か月逃げ回りました。しかし、「先生、学校でやりよったとおりにすればいいとよ」、「子どもたちのために頑張って！」など、議員たちの説得には頑として応じなかったわたしも、部落の親や教え子たちの気合いにはとうとう屈服して、バッジをつける羽目になってしまいました。右も左も分からぬまま、既に二期が終わろうとしています。

もうひとつ。この間に、福岡教育大にも引っぱり出されました。これもまんまと仕掛けにはまった結果ですが、毎週一回の授業は「部落解放教育論」。後期十五回の授業を四年間も続けてしまいました。学者でもないわたしが立派なことを話せるわけはありません。内容は、退職前の十年間「子供たちと過ごした生活を語る」といった、ごくありふれたものです。しかし、学生を前に緊張の連続でした。

学生のレポートの中に次のようなことが書かれていました。

「大学に入ってから初めて勉強するということについて考える機会が増えました。小・中・高校は、なにも考えず、ただ与えられたままに教材をこなし、同じような問題を解いていたような気がします。これで果たして本当に学んだと云えるのでしょうか。（中略）今まで基準からはずれることを許されなかった私にとっては、大きな驚きでした。そして再び学ぶとは何かを考えたとき、自分の内には何もないことに気づき、愕然としました。何故、勉強するのか、何のために知識を詰め込んでいるのかと問われたとき、どう答えたらいいのでしょうか。良い学校に入るために、次は良い会社に入るために、そして最後に何が残るのでしょうか。私は今、とても教師になりたいと思います。本当の教育が分かったわけではありません。しかし、型式通り知識ばかり詰め込んでも、ほんとうの人間にはなれないと気づきました。それだけでも、少し成長したのではないかと思います。これから出会うだろう子供たちに、この思いを少しでも伝えて行きたいものです。」

これは「私の受けてきた教育を振り返って」という課題に対して書いたレポート。もうひとりの学生は「わたなべの授業について一言」という課題を受けて書いてくれました。

「この授業は、『部落解放教育論』。一般科目にもある「部落問題概論」のように、テキストを使っていろんな言葉や、部落解放についての固い講義だろうと思っていました。ところが、わたなべ先生の授業は、先生の実体験に基づく話で、自分の考えを述べ、同時に僕にも深く考えさせるものでした。他の講義とは全然違って具体性があるので、飽きることがありません。また毎回の課題に対してレポートを出すとき、授業中では云えないことでも書いて自分の考えが出せる。僕にとっては、この授業を選んで良かったと思っています。」

学生は証人であり、反面教師でもあります。学生を前にしたとき、「自分のやっていることは、果たして授業になっているのか。学生たちとの出会いがつくれているのか。」と考え続けていました。今思えば恥ずかしい限りです。

中途半端で趣旨にも添わない文章となってしまいました。お許し下さい。西田さんのご健康を心からお祈りします。先だって電話でも話していましたように、そのうち本庄さんともどもお会いしたいですね。その折りにはまた積もる話をしましょう。

（福岡県・宮田町議会議員）

俗悪なものをくつがえされて

砂上昌一

私が西田秀秋先生と会ったのは、もう三十年余り前になります。西田先生は、その頃湊川高校育友会費不正流用で生徒と学校の間に立ちながら、糾弾闘争を展開し、それがようやく終息を迎えようとしていた時期でありました。そのように多忙な先生が、わざわざなぜ県教組一支部講演会に、それも奥能登まで足を運んでくれたのか、その間の事情は判然としませんが、それが西田先生との初めての出合いでした。

その時のことを西田先生は「あの頃は、全国的に学園民主化を求めて紛争が打ち続いていた七〇年初めだったと記憶しています。能登半島の鳳至地区教研の講師として出向いたのもその頃で、年月日は定かではありませんが、雪が降り続いていて、翌日の夜遅く大阪駅に帰り着いた頃も駅周辺は雪でした。それが不思議に記憶に残っています。私はまだ三〇代前半でした。」と書かれています。

その時、私はまだ二〇代の中頃だったのです。その教研の前日、西田先生を囲んでの会では、私はただその場に座りながら、西田先生の話を別世界のことのように聞いていたように思います。それでも、先生が自分自身のことをめぐりながら、己のあり様、『部落』のことを穏やかに語っているのを不思議に感じながら、なぜ怒らないのか、なぜもっと激しないのかと思ってもいました。

その教研の中で次のように概略話しています。「ふつうは、『部落』とか『エタ』とか言わないで、地区の名を聞いただけで、表情が変わったりする。この相手の分かった瞬間の、全身が微妙に変わっていく様を見届ける部落の側は、骨身に染みてそれを知っている。部落の子が生きのびる道は、徹底して部落から逃げ回るか、逆に襲いかかるしかない」と。

（近代民衆の記録9『部落民』より）

「部落の子が生きのびる道は、徹底して部落から逃げ回るか、逆に襲いかかるしかない」と言われたことが、私自身のその後の歩む道を決めたのだと思っています。

「途中で逃げるのなら、初めから部落にかかわるな」と何回も言われてきたのも、当然のことだったと今思い返しています。

この年だと思いますが、全国教研岐阜大会の『人権と民族分科会』に湊川高校教師集団がレポートしています。実は、私もやはりこの教研の障害児分科会でレポートしているのです。今も覚えていますが、この岐阜大会では、公共施設や学校など一切使用することができず、お寺のお堂やその他の場所で分科会をやっていたので、初めての参加者としては、ただ自分のレポートをすることにばかり気がいって、人権と民族分科会のことなどまったく眼中にありませんでした。

その後、西田先生と再会するまでには、十年余りの年月がありました。

一九七六年、第二八回全国同和教育兵庫大会で無駄なものをそぎ落とした、生徒の側に立つこと、部落の側に立つこと、在日の生徒の側に立つことなどのレポートを身じろぎすることなく聞かせてもらいました。この大会の事務局長をしていた西田先生と直接話をすることはなかったけれど、先生の教育の営みのかたちを胸に刻むことができました。ただ黙して帰ったことを思い出します。部落を解放する教育、人間を解放する教育の端緒につくまでに十年余りかかりました。

第二八回全国同和教育研究大会に参加して、『村へ回帰しつつ超える』という報告集の中に次のような一文があります。

「その決定的な要因は、元宮城教育大学長、林竹二・瑞栄夫人を湊川・尼工、青雲高校に招き、そこでの授業を教師たちが、こもごも見届け、議論を展開していくなかで、改めて問われたということである。自分たちの『授業』を支えているものは何か、その時、授業者としての教師は、いかにあるべきか。教師とはいつ、いかなる時でも、とりわけ授業で、児童・生徒に対して、その人間性・本質的な『学問』へのかかわり方を見離さぬかぎり、どの様に権力が攻撃を露にしても、守るべきものは守れるのだ、ということを確かめつつあるということです。

それが一つは林竹二の授業の原型質になっている、決して余分なことはいわない。しかし、真摯に『学問』を続けてきたということは、たとえば従来『知恵遅れ』『精薄児』といわれた児童・生徒=その生徒たちの内側に眠っている鉱脈をさぐりあてるため、最高度の人類の文化遺産を一番やさしい形で系統立って言えるということである。〈中略〉『授業創造』というのは、教師がまず変わることが基本だ。あるいは教材観も含めて、改めて『学問』というものに『身構えねばならない』ということがはっきりしてきた。いま兵庫の私たちは、謙虚にそんな試みに入っている。教育労働者としてそこから始めることでしか、力とまっこうに対抗できる力を持ち得ないということに気づいてきている。」

私は、まだ、この時、権力と真向から対峙できるものが、「授業」そのものであるということが理解できませんでした。しかし、特別報告で聞いた四人のレポートに身が震える感動を憶えたのです。これまで生徒と本気になって向き合ってこなかったですから、まったく私の想像の範囲を超える授業そのものでした。

このような私の俗悪な思いをくつがえすことになったには、次の一文でもありました。

「さまざまな生徒の面倒を見てきました。授業の工夫もしてきました。それでも『授業』については、もう一遍山を越えねばならないところに遭遇した。そのぎりぎりのところで、私は林竹二先生と出逢ったと思います。今盛んに言われている『落ちこぼれ』『学力低下』これらの言葉で生徒を括ってしまうことを私が拋ってしまわない限り、授業で生徒と本気になってわたりあうという関係を作りあげない限り、私はその言葉に代表される貧相な、ひ弱い生徒認識のところに逆流し、『教育』を棄てる側に堕していくだろうことは見え見えなのです。ここからの離脱を今、とりわけ私は真剣に模索しています。〈中略〉『授業』を創造するということになれば、今の世の中の歪み、狂ってしまったそれらのものを、根底から覆す、そういった確たる『授業』を創り出さない限り、私はこの状況下、一歩も前へ出られないだろうと思っています」（近代民衆の記録9『部落民』より）

その後、湊川高校での林竹二先生の「人間について」の授業を拝聴させていただいた。記憶に残っているのは、林先生の慈悲あふれた表情と、逃げをうたせない穏やかで厳しい口調であった。この機会を設けてくれたのは、もちろん、西田先生の好意であったが、この時はまだ、授業の値打ちがわからなかったというのが正直なところでした。いろいろな意味で、西田先生が私やその仲間に差し出された優しさを受け止めるには、まだ時間が必要でした。授業が終わったあと、林先生を囲んで食事会があったように思います。その時、林先生から授業の感想を聞かれて、「ようまだ整理がつきません。むつかしい授業でした。」というような意味のことを言うのが精一杯であったのが、私の恥辱として今も浮かんできます。その時の西田先生の失望の入り混じった困惑した表情が一方にあります。

このとき、『授業創造』という言葉を初めて聞き、その言葉の内実をまとめて読んだ『教育の再生を求めて、湊川でおこったこと』で、その仕事の厳しさや深さを頭の中で反芻していたのでした。

「村へ回帰しつつ超える」で総括している権力と対峙できるもの、それは『授業創造』であるということも、この時期の私にはまだよく理解していたとは言えませんでした。なにしろまだ、世情は「労働者」という概念がまだ市民権を得ていたのですから。ただ、七〇年代も終わりに近づくにしたがって、教育労働者と言われた人々もまた無惨に分散していったとき、私の中で少しずつ、湊川の授業実践を読み返す作業が始まったと言っていいでしょう。

この二八回全国同和教育大会以降、全国教研、全同教大会などでさまざまに厳しい批評や点検を受けながら、私たち石川の仲間は成長してきました。

私自身、自らの行き方や自らの考え方を生徒のレポートの検討会で問われるようなことなど一度もなかったわけですから、西田先生の指摘は、一つ一つ私の皮膚を通り越して、何も語れないまま沈黙し、汗を流すことも度々でした。

その辺りのことを、西田先生が好意的に見守ってくれたことを感謝したいと思っています。私たちの研究会が十年の節目を迎えるにあたって、次のように書いてくれたのでした。

「私が石川の実践に触れて心ゆさぶられるのは、実践しているその進捗状況の中で、一人ひとりが自らを、自らの思想状況を、日々の行き方を通して創り変えようとし、その姿を素直に出しているところです。私はそこに、『石川』の人間を解放する教育実践活動の将来に大きな希望を託せると思っているのです。」と。

確かに、この節目から月日が経っていますが、私たちの初心である人間を解放する教育をめざして、一人ひとりの場で担うことで、その責務を担っていると思っているのですが。

西田先生が現場を退いてから、会う機会もめっきり少なくなりました。そのことで、私たちもそろそろ自らの足で立つことを求められているのだという実感があります。年齢や月日を重ねても、さまざまな課題を負った生徒の側から逃げられないところに立ってから、すでに三十年余りたちました。本当にそう言い切れるのかと問いながら、日々の営みを内省しているのですが、やはり忸怩たるものがあります。

奥能登の地で西田先生の話に触発されてから三十年余り、その縁で私の生き方も少しまともなものになったことをありがたく思っています。

（石川・山中中学校長）

教えられた道をこつこつと歩いてきたつもりです

武藤啓司

西田さんと福地さんは、僕にとって「同和」教育に導いてくれた恩人である。当時の僕は部落問題というと、「階級的プロレタリアの視点から、その実践的課題を導き出さなくてはならない」と考えるような体質であった。そのことを見越して、お二人は「同和教育の実践を始めるにあたって、本など読むな」と言われた。「ひたすらに目の前にいる子供の姿を見よ。一番しんどいと思う子を徹底して追いかけろ。そうすればその子の背後にあるものが見える。そこから部落や在日朝鮮人の現実も見えてくる」と。

あれは、一九七五年だったろうか。全研が東京でもたれ、解放教育の分科会が大田区の区民センターで行なわれた。大田区教組の活動家が裏方を仰せつかった。その集会の終わったところで、西田さん以下の当時の兵庫解放研の面々が、「交流をしたい」と声をかけてきた。急遽いつも研究会に貸してもらっている病院の保養用の一室を借りての交流となった。

そこでの自己紹介は忘れられない。兵庫の人たちは、誰もが自分のクラスの生徒のことをその姿が目に浮かぶように生き生きと話してくれた。それにひき比べ、大田区の連中は僕を含め誰一人、クラスの子供の日常の姿、さらには生活や親の仕事やくらしのことなどおよそ話すことが出来なかった。兵庫の人たちの話を聞きながら、自分の日頃の教育実践の軽さ、空疎さをいやというほど思い知らされた。西田さんをはじめ誰も僕らを批判する人はいなかったが、僕にとっては根底的批判を受けたに等しかった。

そのときにも、「これから、同和教育や部落問題の本を読んで、しっかり勉強して、取り組みを始めようなんて考えるな。勉強してからという考えを捨て、生身の子供からだけ出発しろ」と言われたのだった。そして、「やるのか、やらないのか」と迫られたのだった。

この時のつきつけはありがたかった。この膝と膝をつき合わせる機会がなかったら、まだまだ部落問題や「同和」教育が実践的課題となるのに時間がかかったであろう。その後、しばしば「自分にとって部落とは何か」という問いに直面することがあったが、この時の自己紹介自体がその問いそのものであったし、同時に答への道筋を示してくれるものだったと思う。

全国各地の人々が集中している東京で、自分のクラスに部落出身の子供がいても不思議ではない。自分の出自を誰にも知られまいと息をつめるようにして生きている子供やその親がいるかもしれない。そうした現実を見ようとすることもなく、自分が部落から遠い存在であると考えているとしたら、それが部落差別の現実の固定化にほかならない。

それ以前の僕は、自分のクラスに部落や在日朝鮮人の子供がいるかいないかはどうでもいいことで、自分のクラスの子供を理念として、あるいは実践力としてどれだけ反差別の立場に立たせられるかだと考えていた。教師が正義の味方であり、生徒に「正しいもの」を教え込む。その位置で子供を「変革できる」という体質を越えられずにいた。「一方的な教え込み」を否定しながら、にもかかわらず、「正しいこと」「反差別を含む社会的正義」をより理解されやすい教え方や教材等を通じて、教え込むのだという位置から抜け出せずにいた。林竹二先生の授業を見る視点もこのような位置からであっただろう。

体制的であろうと反体制的であろうと「正しいこと」を教えようと考えると、そこには必ず正解なるものが求められる。「正解」は書物に明記されているはずであるという思考である。常に正解をもって生徒に臨む。それは教師として手放すことのできない体質化されたものであり、僕も例外ではありえなかった。

何を教えるかではなく、クラスの子供の一番求めているものは何かをこそ考え、クラスの一番しんどい位置にいる子供の視点で教育を考える。そして何より、子供の生活の現実や思いを学んでいくことだと言われることは、これまでのよって立っていた基盤そのものを取り払えということであった。何の武装もなしに、「敵」の真っただ中に立たされる思いであった。自分は差別の側の存在で、生活感覚そのものが差別のそれに塗り込められている。だから被差別の側から学ばなくてはならない。暗中模索への出発であった。

東京で初めて開催された全同教大会の時だった思う。一日目か二日目の夜、兵庫解放研（多分）の総括集会に呼ばれ、発言を求められたことがある。その時、「子供と向き合っていると、真っ暗な闇に向かっているような思いをすることがある」といったが、偽りのない実感であった。

しかし、この時教えられたことが連綿と生き続けてきたと思っている。言われた通り、部落問題に関する本などほとんど読まずに、ひたすらに自分の穴を掘る思いで、子供を追いかけることを続けてきた。成果という点ではどうかは分からない。あるいは西田さんの期待していたことと違ったものになってしまったかもしれないという思いがある。しかし、この道を歩ませてもらったお陰で、教育の現場から逃げることなく、豊かな子供たちとの出会いをもつことが出来た。有り難いことだったと思っている。

西田さんのことで忘れられないことは、日教組全国教研、人権分科会のことである。この分科会は兵庫の八鹿高校教育差別事件をピークにして、日共との激しい対立状況にあった。全国教研は十回ごとに東京を会場とした。三〇回目、都教組は日共の支配下にあった。その中で、人権分科会だけは、大田区の中学を会場にして、その会場責任者を日共とぼくとで分け合うというようなせめぎ合いもあった。そうした対立のなかで西田さんが一番心を砕いたことは、実践の質で勝つということであった。そのために、日教組主流派の側の報告書のレポートを事前に徹底的に、吟味するということであった。全国教研の報告者が決まり、レポートが締め切られた時点で、そのレポートが分析され、問題点が指摘される。そして、分科会の前夜から最終日の夜まで、徹底した討論と、レポートの書きかえが繰り返される。報告者にとってはつらくて長い幾夜であった。

しかし、ここでのレポート検討は同和教育運動にとってだけでなく、この日本という社会のなかで社会的、家庭的などしんどい状況に置かれている子供たちのための教育にとって、実に貴重で豊富な財産を形成したといえよう。そのことは、このレポート検討に参加したものの多くが実感しているであろう。それは、同和教育という分野でのそれだけでなく、今日の教育の崩壊的状況、その中で呻吟している子供たちに応えていくための経験と教訓の宝庫であり続けていると思う。しかし、それを教訓化し、理論化し、一般化しようとした教育学者はごく少数に限られ、その後、日教組の分裂によって対立が解消されると、この貴重な財産は雲散霧消しようとしている。残念であり、悲しいことである。

繰り言になるが、何年前だったか、関東授業研に西田さんが来られた。その折、体調に異変が見られた。脳か心臓に関わる重大な前兆に思えた。東京駅までお送りし、すぐにしかるべき医師に看てもらうよう強くお願いしたが、実行されただろうか。兵庫の誰かに確認をすべきだったと、悔やまれる。再起を心から祈るものである。

（楠の木学園長）

崇高貫く――西田秀秋のこと

中谷　豊

出会いの時

「逃げるなよ。近畿一円、どこまでも追いかけるぞ。」西田秀秋から聞いた刺激的な最初の言葉であった。恐らくは、当時、特別選考試験で兵庫県の教師に中途採用された教員の多くはこの言葉を西田の口から発せられたことであったろう。京都の近郊の秋定嘉和の家で、七〇年の正月、松の内の頃であった。

一九六九年の「一斉糾弾」の時、西田はその渦の中心にいた。湊川高校や尼崎工業高校を中心にした「育友会費不正流用糾弾」という生徒から提起された問題は、当時、県商、兵庫工業、兵庫、御影、御影工業、県芦、有馬、市芦、武庫工業、市尼、城内、市伊丹、川西等の多くの学校に広がりを見せていた。これらの学校での生徒の動きは一面政治的な様相を帯びてはいたが、むしろ被差別生徒、貧困家庭生徒の教育権の保障という優れて教育的な課題を提起したものであった。この生徒から提起された問題を、政治運動化させなかったのは、当時、同和教育運動の中心を担っていた福地幸造、山田彰道、西田秀秋の思想性によるものであったろう。中でも、西田は「安保の時、党員の多くが東京に向かった。革命前夜のような錯覚に陥っていたが、俺は番町の村の中を這いずり回っていた。」と言い、七〇年代のあの状況の中で、政治運動とは厳しい一線を画していた。

先立つ部落解放運動家としての長い活動が、政治的な「おため口」を許さなかった。むしろ、まがい物の運動家、政治屋の本質を見抜き、その手の連中の影響力から、生徒や教師達を脱させようと苦慮もしていた。「入管体制反対」と叫ぶ「闘士」が、実のところ何者であるかを知らされたのも西田の手によってであった。

この教師達の中に私が身を投ずることになったのは、私個人の理念的な動機によってであった。日本の現実を部落問題、在日朝鮮人等の被差別者の視点から見据えようという私の内的な動機は例えば「お前の小学校、中学校の同級生で突然消えていった者はいなかったか。その者の顔を覚えているか。」というさりげない西田の問いかけに根拠を揺すぶられていた。「その時、自分は人間であったのか。」という問いは、三〇年を経過した今も私の中で響き続けている。

この時代のことは、明治図書「解放教育新書シリーズ」として過去に公にされている。その頃のことを語る人は今数少なくなっていようが、あれは西田を中心にした仕事の一つの記念碑であると言えよう。

この後に来る「別れの時」を通してみると、やはり、自己確認を抜きにこの集団の中にあった者達とは、自ずと道を岐たなければならなかった。一つの組織が割れるということは、人間関係で血が流れることだ。師弟、友人としてあった関係が、一夜にして敵対関係に転化するのは、私のような「文学青年くずれ」に取っては、肺腑を抉るような痛みを伴うものであった。かつての「友人」からの近親憎悪のような言説が、私を「悲しく」させた。「言わせておけ」と西田なら言っただろう。少なくとも、その頃「殿戦」としきりに言っていた西田の苦衷を知っていればこそ、私の中に、その者達に対する静かな「愛想づかし」が生まれた。この「殿戦」とは、恐らく西田の造語であったろう。撤退戦の中にあって、殿（しんがり）を努め、味方を安全な場所に移すまで戦い続けるという戦乱期の戦術だという。

林竹二との出会い

一九七六年、林竹二を湊川高校に導いたのは、少なくともその契機を作ったのは福地幸造であった。林竹二著『教育の再生をもとめて―湊川でおこったこと』で福地自身がそう書いている。また、林竹二が湊川で授業をし、生徒の可能性についての驚くべき事実を明らかにし、「事件」を起こすに至るまでには、西田の熱意が多く拘わってもいた。「解放教育運動」の潮流の変化の中で、次の在り方に向かってどう変革していくのか手探りの中にあった私たちには、林竹二が示した事実は重く、また一方では爽快感を伴うものであった。それは完膚無きまでに叩きのめされたという被虐的にも見える爽快感であった。生徒の魂を揺さぶるもの、命を蘇らせるものとしての授業、教師のための教育技術としての授業ではないものをそこに見て、私は心底打ちのめされた。私だけではなく、そこに拘わっていた多くの教師がそうであったと思う。この間の事はその後、国土社や筑摩書房から刊行された林竹二の多くの著作に詳しい。

「林先生を迎えるということは、たんなるお祭りではないのだといううけとめが、私のなかに強くありました。自己変革が必然的に自己格闘を伴うことを必要としていることから、教員のそれは、生徒より遙かに自意識が固定化しているためもあって、牢固として変わりません。湊川の教員も例外ではありませんでした。今も、それが地続きでありますので、授業創造に取り組むというメインスローガンを掲げていることが、今や湊川の教師集団にとって、そこを突破することが出来るか出来ないかは決定的な問題なっています。

ただ湊川の教師はこの難局に万歳をしてしまっているのではありません。林先生が湊川に入られたことが、自分の授業について、真剣に検討を加えようとしない者にとっては、その辛んどさは堪えがたいものとなり、新たな地点へ進み出ることを志して、自ら授業の在り方、学問研究のあり方にまで工夫しようとするものにとっては、同じように辛んどくはあっても、希望があり救いがあります。二つの辛んどさには明らかに違いがあります。

自分で自分を追いつめる側で、今、総体として湊川の教師は格闘しなければならないだろうと思います。」と西田は『教育の再生をもとめて』の中で書いている。

西田のこの指摘のとおりに事態は進展していった。林竹二の仕事を認めるか否か、この自己変革という難行に取りかかるか否かに決定的な分岐点があった。

日本の教育界はかつて林竹二が中央教育審議会の参考人として指摘した「パンを望む子に石を投げ与える」という状況がますます深刻化している。その対応として「知識を教えるのではなく、生きる力を育む」ということも提唱されては来た。しかし、事態の好転の兆しはない。「学問知よりも生活知を」とも言われていが、林竹二の指摘した「物知りであることと賢いこと」の違いの方が、少なくとも私には分かりやすい。

思うに、いつも西田は状況の数歩前を歩んできた。先の引用文は、その後仲間内に到来した分裂の危機の予告であったろうし、また、日本の教育の先行きに対する警告でもあったろう。

朝鮮語導入のこと

一九七三年、湊川高校に日本の公教育としては初めて「朝鮮語」が教育課程に位置づけられ、必修科目としてスタートした。私などは「選択科目」としての導入しか思い浮かばなかったのだが、「必修科目」としての導入でなければ朝鮮語導入の理念が果たせないと強硬に主張し、その設置に精力的に動いたのがまた西田であった。二年後に、尼崎工業高校にも二名の朝鮮人教師を迎えて、必修科目として朝鮮語が設置されることになるのだが、事の成否が決するのには当時の桜井博指導主事、飯野正規湊川高校校長、内岡久吉尼崎工業高校校長等の強力な支援に負うところが多大であったと聞く。

湊川高校朝鮮語の初代の教師となった詩人金時鐘はこの間の経緯について『さらすものとさらされるもの』『クレメンタインの歌』等の著作で書いてくれている。

「『朝鮮語』という外国語が、日本の公教育の場で、正規の〝教科〟として授業がなされているとしても、聞く人の耳に実感をもってひびくことは、まああるまい。しかしそれが昨日今日のことではなく、まる四年もまえから兵庫県立湊川高等学校という、れっきとした公立の定時制高校で、必修正課の地歩が築かれているばかりか、一昨年の春からは、同じ県下の県立尼崎工業高校という全日制の高校でも、朝鮮人教師が二人も迎えられて、『朝鮮語』が高校課程の教科として取り入れられているのだから、これはもはや異例というよりは、異変といったほうがおおかたの感情に合おうというものだろう。ありうべからざることがすでにはじまっているという、いぶかりの衝動によしんば見舞われたとしても、それはそれなりに、妥当性を帯びた受けとめ方でもあるものなのだ。

それほど朝鮮語、もしくは〝朝鮮〟というひびきがかもしだす違和感は、日本人のおしなべた生理感覚ともなっている拒否反応に根づいたものであり、戦後とみに、（中略）〝朝鮮〟は日本の価値体系から意識的にはずされていることによって、教育界はおろか、日本の社会機構そのもののなかでなじまない、うとましいまでに異質な対象ともなってしまっているものなのである。

これほど関心から遠く、遠いほどに関わることが気にかかる〝朝鮮〟が、日本の公教育の場で座を占めることは、並大抵のエネルギーではない。〝朝鮮〟への理解を超えて、誰にも察しはつこうというものだ。それを承知で朝鮮語授業に踏みきり、朝鮮語授業を支えてきている教師達の意志力のほどは、私をして「湊川」に来させている朝鮮人としての思惑以上に、張りつめた緊張にかかえられているはずのものである。その内実のほどは、始めた側と応じた者とのからまりのなかで、正確に測り直さねばならない時期にきているともいえよう。（後略）」（「なぜ〝朝鮮語〟か」一九七七・七『クレメンタインの歌』）

この一節を引用しながら、七〇年代後半の一夜、仲間内の忘年会で金時鍾氏が涙ながらに歌ったこの歌の一節を思い出す。「広い海辺に苫屋ひとつ、漁師の父と年端もいかぬ娘がいた。おお愛よ、愛よ、わがいとしのクレメンタインよ、老いた父をひとりにしておまえは本当に去ったのか。」これは氏にとって二度と逢うことのなかった父の膝に乗って聴いた歌、そして、朝鮮語の原体験ともいうべき歌だったのだ。

ともあれ、始まった朝鮮語はまさに氏の言うとおり「朝鮮語を支えてきた教師達の意志力のほど」に預かって責任があった。八〇年代に入ってから朝鮮語は「敵視」の視線に晒されることとなった。その間の経緯についてはしかるべき人が別の稿で語っていようが、朝鮮語があたかも「学校正常化の敵」の象徴であるかのように、初めは軽視として、徐々にあからさまな敵意に晒されなければならなかった。その中でも心ある教師達の手によって朝鮮語は守り伝えられた。敵視もしくは軽視する側の論理には「実利を伴わない」「うとましい異質な対象」の最たるものとして朝鮮語があった。

しかし、この「実利を伴わない」ことこそが、他でもない朝鮮語導入の大きな根拠でもあった。人問の解放を願う者が、実利にのみ目を奪われることがあってはならない。むしろ、実利から最も遠くにありながら、人問の尊厳に最も欠かせないものを、精神の柔らかな時期に系統的に学ぶことの意義を誰よりも力説したのは、また西田秀秋であった。

この意義のもう一つの実現として、神戸甲北高校の朝鮮語はあるが、そのことについては別稿で述べる。今や、教科として朝鮮語（韓国語）を設置している高校は全国で二四〇校を数えるようになったと聞いている。かつて湊川高校で朝鮮語を設置したとき、先行する学校は広島電気通信大学付属高校だけであり、しかも選択講座の一つとして近隣の民族学校から講師を招いていた形態であったことから考えれば、まさに隔世の感がする。今、日韓新時代を迎え、南北対話の時代に直面して、朝鮮語（韓国語）はますます隆盛になろうとしているが、不毛の地を耕し種をまき育ててきたのは、湊川高校・尼崎工業高校などの少人数の教師集団であったことは記憶されて良い。

アジアと結ぶ

平成六年・七年度の二年間、文部省の「高等学校教育の改革の推進に関する調査研究委託」に応じて、兵庫県は「特色ある総合学科の設置について」の調査研究にあたり、総合学科研究指定校を七校設置して協力校とした。この七校のうち、神戸甲北高校と香寺高校の二校が平成八年度から総合学科を設置し、十年度淡路高校、十一年度和田山高校、十二年度有馬高校、伊丹北高校と続いていくことになる。こうした動きの中で、神戸甲北高校に総合学科を設置することに校長として指導性を発揮し、最も精力的に動いたのは西田秀秋であった。このことに関しては神戸甲北高校の教師達が詳しく書いてくれていることであろう。だから、この稿では、神戸甲北総合学科の三本柱の一つ「アジアと結ぶ」について、傍観してきた者としての私見を述べたい。

平成七年度の上記調査研究の報告書の「研究協力校で調査研究した総合学科像と課題等」の項で、神戸甲北高校は次のように記されている。

「国際都市である神戸市に位置する学校の特色を生かし、『中国語』『朝鮮語』『インドネシア語』『ベトナム語』などの科目の学習を通した外国文化の理解や国際理解についての学習を特徴とする。さらに、福祉・家庭・農業に関する基礎的な科目を設置し、神戸・阪神地区の生徒のこれらの科目に対する学習ニーズに対応できる総合学科を目指している。

平成七年度から二学期制を導入したり、『産業社会と人間』を一年生全員に履修させるなど、総合学科の設置に向けた研究を進めてきた。」

この報告書の一文を観るだけでも、甲北総合学科の特色がどこにあるかは見て取れよう。なぜ「英語」「フランス語」「ドイツ語」ではなく、「中国語」「朝鮮語」「インドネシア語」「ベトナム語」なのか。恐らくは内部からもあったであろう反論をねじ伏せて「アジアと結ぶ」を総合学科の基本理念に作り上げていったであろう西田に、二〇年前の朝鮮語導入と同じ理念を見る。通念の世界では「実利を伴わない」マイナーな言語を高等学校の教育課程に位置づけたことの意味は、恐らくは今すぐにではなく、二〇年後、三〇年後にかろうじて社会から評価され、認知を受けることになるであろう。教育が五〇年先、一〇〇年先を見通して用意されなければならないことを、この総合学科設置の理念に読みとることができる。

部落解放運動家として出発した西田の初期の仕事の一つに『在日朝鮮青年の証言』がある。ともに被差別の状況下にありながら、部落・朝鮮・沖縄の三者が相噛み、克し、共生し、扶け合うという幾つかの差別・被差別の縮図を丁寧に掘り起こしたこの『証言』を、筑豊の炭鉱で鉱夫達の証言を丁寧に拾い集めていた上野英信は福岡で開催された部落解放全国研究集会で絶賛した。被差別者が差別者に転化する差別の重層構造に初めて切り口を入れた証言集であり、上野英信自身が切り込めなかったところに切り込んだという評価であったと記憶する。

震災後の調査委

西田の問題意識は一貫していた。震災直後、誰もが被災者であった神戸で被差別部落や在日外国人の被災状況の調査にいち早く取り組んだのも西田の示唆によってであった。

「(前略) さて、この度の阪神大震災は、神戸市全域に壊滅的な打撃を与えました。震災から三ヶ月を経た今日もなお、避難所生活を余儀なくされている人が五万人以上もいます。しかもその多くは、一人暮らしの老人や障害者など、社会的弱者といわれている人たちに集中しています。また、被差別部落、在日外国人等の被害も未曾有のものでした。神戸市に本拠を置く神戸地区県立学校同和教育研究協議会として私たちには今回の大災害に対して、その実態を集約し、被害状況を記録して、その全容を広く伝えていく役目があります。（後略）」（「当面の取組について《依頼》」一九九五年五月二日　神戸地区県立学校同和教育研究協議会　会長　西田秀秋）

「（前略）イタリアの経済学者パレードが言っている『世の現象は一様に分布しているのではなく、偏った分布をしている』との言を待つまでもなく、自然の怒りとも言える大震災は人も所も選びませんが、しかし、過去の日本各地で大きな災害をもたらした大震災の際に、いつも見られることなのですが、従前の生活において、社会的弱者とみなされている人々（ここでは被差別部落、「在日」朝鮮、——今回の神戸ではベトナム難民）の上には、大震災が与える災害はことのほか重みを伴って、押し掛かっていると思います。それは、今回もまた例外ではなかったようであります。それは、災害後の被災者の復旧、復興への歩みにおいて、その差は顕著に表れてきています。（後略）」（「巻頭言」西田秀秋『天地砕けたれど人として生きる』所収　一九九五年《平成七年》九月十八日）この証言集はまた貴重な仕事である。この調査記録にベトナム難民が登場することになったきっかけは、長島昭親が鷹取教会で日本語教室を開いていたことによっている。

「（前略）昨年の日本語学習は、平日の午後、週一回、鷹取のキリスト教会で五人の男女に日本語を教えることから始まった。一ケ月もたつと一人が東京へ引っ越し、一人がまもなく出産のため、参加できなくなった。残った三人でぼつぼつ勉強していたがよく休むのである。私は教室で、彼らが来るのを待つという、受動的かつ高みに立った態度だったので、彼らが休む理由が理解できなかった。（中略）生活の場（テント）で勉強を始めると、昨年見えなかったいろんなことが見えてきた。子どもをあやしながら勉強しなければいけないこと。テントを夫と共に補修しなければいけないこと。小さい弟や妹が六人もいて、下の子を見なければいけないこと。朝から晩まで内職をしなければいけないこと。皆貧しいけれど、とても清楚に、まじめに、懸命に、生きていること……。

一年前、彼らが勉強を休んだ時には、『よくさぼる』『連絡もしないでルーズだ』とか、負の評価しかできなかった。そんな自分がとても傲慢であったと思うようになった。（後略）」（「阪神大震災と被災ベトナム人」長島昭親　前掲書）

「（前略）結局この震災、僕から見ると、確かに色々地震を通して見たくないものを見てきました。でもまた、見れないものも見ることができた、すごく、いい意味で言うと、一つの国を越えて、国境を越えて、一人の人間として付き合おうという。今まで『あの難民だ！ベトナム人だ！』と。そうじゃなくて『ベトナム人』を越えて、『ジュンちゃん』とか『アンちゃん』とか呼びあって、一緒にやることになった。すごくいいものが生まれてきたのかなと思いました。」（「阪神大震災下におけるベトナム人とその周辺」ファム・ディン・ソン《聞き取り塚本利夫・武藤真一・方政雄》前掲書）

長々と引用したが、神戸甲北高校の「ベトナム語」の背景には、この小文では紹介しきれないほど多くの事実があるということを述べたいがためである。こうした西田の思想性に照らされて、多くの事業が日の目を見てきたのだということを記したい。

聖と俗と

一人の仕事を評価するとき、何をなしたかを記録することが大事であろうが、何を語ったかに私は力点を置いてみたい。

西田の語ったことで忘れがたいことは数多くあるのだが、その中でも二つのことを紹介したい。糾弾の質について西田はこう語った。「神戸市の糾弾をしていた時、参加者の一人から助役に向かって『土下座せい！』という声が出た。助役が土下座しそうになったので、ワシは糾弾会をうち切った。糾弾会は自分と相手を高めていく場なんや。言われたことはなんでもするような相手に高っぴしゃな物言いをするのは、糾弾でも何でもない。」

確か「八鹿高校問題」で但馬の地に調査に入って、当時指導的な立場にあったM氏に話していたと記憶する。日頃からよく西田が口にしていた言葉なのだが、当時「闘争本部」に詰めていた若い人たちには通じなかったようである。糺す側が糺される側よりも倫理的に高くないと、まっとうな主張がねじ曲げられ、泥の中に投げ込まれるということを、部落解放運動家として身を粉にして奮闘してきた西田の歴史が教えたのであろう。

また、日立の採用取り消し撤廃を闘っていたP君に対して、その支援メンバーを前にして西田が話しかけていた。「P君よ、日立が君を採用すると言ってきても、君は行ったらあかん。」東京の支援メンバーから反論があった。「日立の就職差別を撤回させるためにP君が闘ってきたのだから、P君が入社しないと闘いの意味がないのではないか。」西田は、嚙んで含めるように言っていた。「昔、神戸市に改良住宅を要求した時、運動したものが優先的に入居できるようにという要求があった。ワシは反対した。改良住宅が今一番必要な者を優先させると主張した。自分のことは最後で良い。運動というものは、そうするものだ。だから、P君の替わりに同胞の若い子を一人でも二人でも先に採用させるように動いた方がよい。君自身のことはその後だ。」この西田の示唆が聞き入れられたか否か今は確かめるすべはない。しかし、この後この東京の支援者グループと疎遠になっていったことは事実だ。恐らく、西田の思想性の高みに達し得ない時、口さがない者は「西田批判」を口にして疎遠になっていった。このことは昔も今も同じように繰り返されている。

震災の後、湊川高校（兵庫高校）の避難所の班長をしていた田中吉孝は西田と同じことを言っている。「仮設住宅に入るのは、みんなが入るのを見届けて、ワシが一番最後になるだろう。」（『前掲書』）

彼も西田の思想性に深く影響された一人であろう。西田の側にいた者は多くその思想性の高さに影響された。それが彼の「崇高さ」なのだ。

西田が管理職を目指すようになったのは明らかに林竹二の思想的影響によるものである。そのことについては西田秀秋著『部落民』（新人物往来社）の栞の中の対談に詳しい。要は「被差別民としての怨念を人間解放の悲願に高めよ」という林竹二の強い要請を西田が容れたということであったと記憶する。「悲願」を達成するために学校の管理者になるということが西田が示した方針であった。

このこともまた、多くの口さがない連中の攻撃の種にはなっていたが、すでに記したように、県神戸同教会長としての仕事、神戸甲北高校校長としての仕事の質が彼の「志」の高さを証してくれよう。

私なども、彼の「志」に感化されて管理職の道に迷い込むことになった。彼の立場に立つことは、もとより不可能であろうが、彼の志を我がこととして引き継いでいくことは可能なのではないかと。

人間誰しも聖なる面と俗なる面とを持っていよう。その人の俗なる面をのみ見て批判するのは、人間の解放をめざし、「生きる力を育む」道を探し求めるものの取るべき道ではないだろう。聖俗併せ持つものこそ人間なのだから。

今リハビリに取り組む西田秀秋の一刻も早い回復を望む。あの独特の口調で若い者を叱咤激励する姿こそ最も西田らしい。できれば、全同教か何かの全国集会で、全国の心ある友人に囲まれて。


（兵庫県立川西高校宝塚良元校教頭）

魅力とこわさ

谷田　巌

私が先生のおられた県立湊川高等学校に赴任したのは、一九七四年（昭和四九年）六月のことです。尼崎で中学校の非常勤講師をしているときに、同僚の先生の紹介で勤務することになったのが、湊川高校でした。何の予備知識もありませんでした。神戸の地は私にとっては全く初めての街でした。当時、「大学紛争」「高校紛争」あるいは「一斉糾弾」という言葉で象徴される学校紛争が下火になった時期ではありましたが、まだその余韻が様々な形で残っていました。ですから、学校現場の様子も今の先生には、すぐには理解できないようなことが沢山ありました。

同僚だった先輩の先生に聞いた話ですが、「前任校から転勤してきて、半年たった頃、早くも古手の教師になってしまった。」という信じられないような話を聞いたことがありました。理由を聞くと、学校が騒然とした時期に、同僚だった先生の多くが転勤されたり、辞職されたりしたからだということでした。生徒を前にして、教師としてどのように向き合っていけばいいのか、答えが見い出せない不安な毎日に耐えられなかったからではないかと、想像するしかありません。

私が着任してからも、年度途中に新しく来た教師が何人かいました。生徒との対応が旨くいかずに直ぐに辞めていった人もいました。ほとんどが二五歳前後の若い先生ばかりでした。

私もその中の一人として、その時から、その後、湊川高校での二三年と十ヶ月の教師生活が始まりました。着任したその年、第二八回全同教大会が神戸の地で開催されるということで、準備に追われる毎日でした。朝は十時頃に、実行委員会の事務局に行き、昼間は大会の準備をして、それから学校に戻って、授業を行うという毎日が続きました。

全同教大会の打ち合わせのためだったと思いますが、大阪の解放同盟の会館内にあった、全同教事務局へ先生と二人で車で行ったときのことです。

事務局の中に入ると、高校の時にお世話になった石田先生がおられたので本当に驚きました。このとき先生は京都の代表として全同教の何かの責任者をされていたようです。その時のことを後で、先生に聞くと、「石田先生が谷田をよろしく頼む」と言っていたと、教えてもらいました。

石田先生は私が通っていた、京都の朱雀高校の社会科の先生で、日本史を教えておられました。私は社会科学研究部の部長で、その時の顧問の先生が石田先生でした。先生の家に遊びに行ったり、夏休みの合宿では、先生のお世話で日本海へ行ったりしました。私が湊川高校で解放教育に関わるようになって初めて、石田先生が朱雀高校の定時制の部落問題研究部の顧問をされていることも知りました。

一九六五年に同和対策措置法が制定されて、「部落差別の解決は国の責務であり、国民的課題である」

と位置づけられることで、同和教育は学校教育の重要な課題として取り組まれるようになっていました。

当時、西田先生は、よく「俺は二足の草鞋を履いた教師だ」と言われていました。解放運動の立場と教師としての立場を言われていたのだと思います。

番町地区に生まれ、地域の人たちの生活の向上・改善ため、先進的な取り組みをされ、その延長線上に学校の同和教育も位置づけられていたと思います。厚生大臣を相手に闘った「蚊帳闘争」の取り組みは、今回先生が出版された「日本における部落差別の謂われ」の中に詳しく書かれています。その中に、こんな一節があります。「若い頃に私、請求権を使って厚生大臣と喧嘩したことがあるんです。……それまで神戸市も兵庫県も門前払いをくらわしていたのに、私が内容証明付きで厚生大臣に文章を送ったら、一ヶ月もしないうちた福祉事務所長とか県の係長とかが家までわざわざ来て、みなさんに蚊帳を支給しますから請求を取り下げてくださいと言ってきたんです。私は最後まで断りました。何で断ったかというと困っているのは私だけではないのです。二千世帯全部に蚊帳を支給してもらわないと話にならないのです。……」

先生の事を成すに当たって、用意周到な準備とねばり強い取り組み方は、湊川高校で教育実践を行う中でも少しも変わっていませんでした。だからこそ実現したのが日本の公教育の中での初めて朝鮮語授業だったと思います。あの当時、公立高校で朝鮮語授業を正規の授業として開設しようなどという考えは、とんでもない試みだったと思います。同志社大学の講師をされていた、金時鐘先生（私には林大造先生の方が親しみがあります）を、湊川高校の職員として迎え入れられた先生の取り組みは、今日、全国の学校に広がっている朝鮮語授業の先駆けになりました。高校教育の歴史的な第一歩の事業に参加していたんだと、今更ながらに思わずにはいられません。

当然、新しいことに取り組む時、様々や反対ややっかみもあります。「喧嘩をするためには、こちらが一糸乱れず結束して、相手に隙を見せてはだめだ」ということをしょっちゅう言われていました。どんな場面だったか忘れましたが、先生から「俺は動物園の虎とにらみ合いをして、喧嘩の仕方を練習した」と聞いたことがあります。「睨み合って、最初に目を離した方が喧嘩は負けなんや」とも聞いたことがあります。しかし、はっきり言って、このあたりの話は私の生きてきた世界とはあまりに違うということを実感するしかありませんでした。

しかし、先生の言うことは説得力があったし、何よりも迫力がありました。それが先生の魅力でもあり、怖さでもありました。先生から学べることは学びたいと思って、今日までついてきたというのが正直な気持ちです。

先生が校長になられて、平成九年度に甲北高校に「総合学科」が設置されたとき正直言って、まだ総合学科という「学科」がどういうものなのか、よく分かっていませんでした。

普通学科、専門学科、そして第三の学科として、幅広い選択肢の中から、自分の興味・関心、個性の伸長を図り「人間の生き方、在り方」を考えさせる学科として新設されたと、いうことぐらいしか理解していませんでした。

その後、香寺高校など次々に設置されていきました。

県下で最初の総合学科の設置という目標の実現のため校長として、職員の先頭に立って、陣頭指揮された西田先生のご苦労は大変なものだったことは想像できます。先生のいい意味での強引さが、十二分に発揮されたことは後で漏れ聞く話で、想像した通りだと感じました。

昭和五三年頃だったと記憶していますが、当時、県教育委員会が「ゆとりの時間」として新設した「必修クラブ」の時間を、「総合表現活動」の時間として、時間割に組み込み、破天荒な教育活動を実施し始めでた記憶があります。

特に印象に残っていることは、全長六メートルのカッターの制作、憩いの庭の制作、タイルを使ったモザイクの制作……等々が印象に鮮明に残っています。

まさに無謀ともいえる教育活動であったが、当時、それぞれの制作を担当した若い教師たちは、それでもその実現のために走り回わりました。たとえば、カッター（船）の制作など経験したことのない教師たちは、淡路の造船所へ、基礎の基礎から学びに行ったように記憶しています。

現在勤務している県立尼崎工業高校でも、同じ取り組みがなされていました。西門から校庭に入っていくと、立派な藤棚、そしてブロンズの男子生徒の像が目に留まります。私はこの二つの作品を見るたびに、当時、制作に関わった教師や生徒の忙しく動き回っている様子や喧噪が浮かんでくるような気になることがあります。

私自身も湊川高校の教師として、当時、庭の制作に関わり、ツルハシや一輪車の使い方を生徒に教えてもらいながら作業していました。その思いが重なるのだと思います。こうした先生のこれまでの取り組みが、甲北高校の「総合学科」設置の底流に脈々と生かされているように思えてなりません。

この前、工業教育フェアのロボット競技が小野市で開催されましたが、甲北高校からも、出場していました。工業高校以外では甲北高校だけでは無かったかと記憶しています。生徒たちがこれまでの普通高校では学ぶことの出来なかった学習活動に、新しい総合学科の新風を感じました。この生徒がさらに工業技術のことを学びたい、ロボットのことについてさらに学習したいという目的をもって大学に進学することも考えられます。

自分の個性や特性、あるいは興味・関心を十分に見つめて将来の進路を考える学科として、「入れる大学」から「行きたい大学」に行く時代が少しずつですが現実のものになりつつあるように感じています。

自己を見つめ、将来の進路を考え学習する学科として、「総合学科」はまだまだ始まったばかりの学科です。設置科目、単位選択の方法などまだまだ研究課題は多いものの夢のある学科としてますます増加していくと思っています。

その学科を県下で最初に設置された先生のご苦労に改めて感謝したいと思っています。しばたばたした中で、十分に資料も用意出来ないまま、荒っぽい原稿を書いたので、依頼された先生の意にあっているのかどうか不安が残りますが、どうかお許しください。

先生が今後も元気で活躍されることを願ってやみません。

（兵庫県立尼崎工業高校教頭）

〔3〕 人の思いとその歴史を重ねて

公立高校の朝鮮語の講師として

文　東　載

私は一九三五年、日本の名古屋で在日Ⅱ世として生まれました。父、文騏洙は一九一九・三・一、いわゆる〝朝鮮独立万歳運動〟時、韓国慶尚北道金泉の片田舎で、わけも分からぬまま〝朝鮮独立万歳〟を十三歳で叫んだのがたたって、故郷を追われるように来日、米屋でバイトをしつつ、名古屋電気大学（夜間コース）を終えた後、日本人に比して賃金の格差が大きかったのを機に、アプノッカン（鴨緑江）発電所の就職を断り、以後「古物商」を名古屋で営んでおりました。

一九四五年一月、第二次世界大戦の戦火（米軍による名古屋空爆）を逃れ、父の故郷（電気もない二百戸ぐらいの僻地）金泉に疎開しましたが、その年の八月、日本の敗戦により皇国臣民少年であった私、岩本平三（または吉島）は文東載となり、朝鮮語を一言も知らぬが故に、半日本人（パンチョッパリ）と罵られながら、苦労の中で朝鮮語を覚えました。

一九四五年の大戦終戦前後に最もつらかったのは、日本の植民地化にあって朝鮮語やその文字をなくされ、分からなかったことや、食べ物がなくて空腹の恐怖にさらされたことでした。メシ泥棒もやり、時には松の皮を剝いで食べたりしたこともありました。

一九五〇年六月二五日、私が中学二年生の時に同族が殺し合う〝朝鮮動乱（戦争）〟が起こり、私は父と二人で（私は六人兄弟の長男）、北の共産軍に追われるままに南の大邱へ自転車で逃れ、避難民生活を路上の物売り（一人になっても生き抜く知恵として郊外から玉子、野菜、果物を仕入れて売る）として送りました。戦乱の最中一九五二年四月二〇日、日本のサンフランシスコ講和条約発効（この日まで在日や旧植民地の人々は日本国籍所有者）の一ヶ月前、再び父に私だけ大きな日本の船に乗せられて、日本に連れてこられ、今日まで日本で暮らすことになりました。

二度の大戦経験の結果、私は〝どんなくだらない平和であっても戦争よりはまし〟ということと、人生の最大の味方は〝家族〟であるとの認識に至りました。

一九五二年日本に再来日の八月、母が胃癌手術で韓国で他界、一九五七年一月には父も亡くなり、しかも肺結核にかかったこともあって、大学は三つにまたがって入退学をし、正規の卒業生より六年も遅れて卒業しました。学費もなく奨学金や在日大韓キリスト教札幌教会の先輩（五〇余歳で独身の最中に病死。朝鮮戦争で北朝鮮→韓国→日本→千歳にて米軍相手の質屋経営。崔信淑氏。）に入学金や下宿代を二年間もお世話になりました。

大学を卒業して最もつらかったのは韓国籍の故、就職紹介を大学から断られたことでした。日本に帰化も薦められましたが、自分のルーツは大切にしたいという考えでそれもしませんでした。一九六六年京都韓国教会の先輩の紹介で、大阪の民族学校・建国高校（戦後、外国人学校としては唯一の日本文部省認定校。いわゆる学校教育法一条校であることと、当時は北も南も我が祖国とする中立的学校）に勤務することになりました。理科と朝鮮語（韓国語）の担当教諭でした。十年間勤務後、義父・李慶泰（建国小・中・高設立校長。この李の一代記『孤高の民族教育者、李慶泰の歩み』が一九九九年九月、大阪海風社から出版された。帯文は私を一九七六年十一月兵庫県立尼崎工業高校講師推薦に尽力された詩人の金時鐘先生。在日の民族教育の原点を南北祖国の平和的共存→南北の平和的、自主的統一・完全独立に据えて実践した人。）辞任時に私も辞めました。

人間の縁とは不思議なものです。一九七六年一月辞任後、私は自分勝手に家で〝日本の公立学校で朝鮮語の教師にでもなれないか〟という夢を見たのです。その後すぐに義父の知人曹基亨（元財団法人朝鮮奨学会関西支部長）先生の紹介で尼崎工業高校・朝鮮語講師に推薦され、兵庫県教員採用の特別選考試験を受け、一九七六年十一月臨時（常勤）講師（毎年更新）として採用されることとなりました。

さて、前置きが長くなりましたが、この採用過程の中で、前述の金時鐘先生（もちろん県教委や尼工高の英断があってこその話ですが）、なかんずく西田秀秋先生（当時、県神戸同和教育研究協議会の事務局長。在日、部落、沖縄等の差別人権教育問題にも平教員として寝食の暇もなき大車輪の活動をしておられました。）には、大変お世話になりました。

私の任用決定が滞る中、故内岡久吉尼工校校長に連れられて、西田先生と会いましたが、その後まもなく手続きが前進して任用決定になったことを明確に覚えております。

一九七六年、兵庫県立尼崎工業高校勤務以来、足かけ二五年間、公立高校の朝鮮語講師として大過なく勤め上げ二〇〇〇年三月末、私は現役を引退しました。その間、西田先生には〝授業を考える会〟や兵同教、全同教など、人権教育の研究会、研修会など数多くお世話になりました。もちろんその他尼工高や他校の国際理解教育や人権教育に熱心な先生方の陰の支えがあってこそ、今日の私があるのは言うまでもありません。

朝鮮・韓国について無知・偏見・蔑視が根強くはびこる日本社会の中にあって、パイオニア的に兵庫県で開講された朝鮮語授業。私は『韓国朝鮮語の言語学的側面とともに、正しい日朝（韓）の歴史的、文化的関係の理解の側面も』合わせ持って、授業の目標とし二五年間努力してまいりました。すなわち、学校不信、社会不信、さらには劣等意識にさいなむ生徒たち（これには国境はございません）の自立解放を促し、他人の心の痛みも分かる人権感覚、平和感覚、国際感覚の豊かな力強い人間として、特に在日は本名など自分のルーツも大切にしながら、堂々と胸を張って生きていける生徒たちであらんことを念じながら、細々と朝鮮語授業を続けて参りました。延べ二〇〇〇名ぐらいの生徒達にです。今でこそ〝アジアの結びつき〟も重視する文部省の風潮もあってか二百校近くの高校で、韓国朝鮮語が開講され、また二〇〇二年からは大学入試センター試験科目にも指定されるようになりました。隔世の感がいたします。

二〇〇〇年六月一三日には戦後五五年にして、初めて南北のトップ会談が実現し、南北朝鮮（韓国）の平和的共存→統一に向けての動きが、現実的になって参りました。日朝国交回復会談も再開の運びとなりました。〝最も近くにありて心の関係は遠い日朝（韓）関係〟の払拭に向けての努力が、日本の公教育の中での〝朝鮮語講座〟の意味合いとも思います。七千万と一億二千万人の民族の和解、善き隣人関係を目指す日本の学校教育教科活動に携わらせていただき、この上なき幸せを感じます。このような舞台を準備し、その教壇に立たせていただいた上、陰に陽に私の授業実践活動を支えて下さった尼工の諸先生方は勿論、西田先生を始めとする多数の兵庫県の教育関係者に深々なる謝意を申し上げる次第です。

末筆になりましたが、西田先生との関わりの中での私の人物評は、人権を大切にするご自分の教育活動・目標達成に対しては、歯に衣を着せない教師・生徒たちへの遠慮なき直言ゆえに、風当たりや誤解も強く、大変〝孤独〟な日々を送られたことも多かったかと思います。強力なリーダーとして人知れぬ様々な困難な状況の中でも、その教育信念の達成には「肉を切らせて骨を切る」方であったと思います。

先生は短い神戸甲北高校校長時代、色々と難しい問題のある中で、『アジアと結ぶ』国際理解教育の推進を手早く実行されました。神戸甲北高校での三年前の〝韓国朝鮮語講座〟の開講、韓国ウルサン情報通信高校との姉妹校提携。韓国修学旅行の実施。一見荒っぽく実行したかにも見えますが、私は一九九六年と一九九七年の夏だったと思いますが、夏休みに十数時間ずつ、保護者たちの〝いきいきハイスクール〟の朝鮮語講座講師に招かれ、お世話になったことを覚えております。朝鮮語講座の教育的効果も保護者の理解・協力があればこそと思い、深く感心した思い出があります。さらに先生は中国との姉妹校提携を目指される最中、残念ながら、本当に残念ながら重い病に倒れられ、幸い一命はとりとめましたが、〝車椅子〟の生活になってしまいました。一九九八年、校長退職後、今日なお闘病中と聞きます。日本の全国的舞台での国際理解・人間解放教育に元気に取り組んでいただきたかったのに、無念・残念でなりません。しかし、私は先生より年上ですが、先生の教育理念や実践の足跡は多くの教師や生徒の胸の中に植え付けられ、生き続けていくと思います。天命のある限り、使命感をもって今後も共に頑張っていければうれしく思います。最後に私の授業感想文を一つ添えながら失礼な文（ペン）を置かせていただきます。

県立尼崎工業高校三年機械科　N・T

朝鮮語の授業を受けて

『朝鮮語の授業は、言葉だけではなく昔からの日本と朝鮮の歴史的・文化的関係、今まであまり知らなかった出来事が分かり、日を重ねるごとに朝鮮の国のことがよく分かり、よかった。僕は朝鮮語の授業を選んだ。言葉の勉強ばかりするのかと思っていたけれども、直接朝鮮語の授業を受けて、相手の国の言葉を勉強するということは、相手の文化や考え方なども一緒に勉強して初めて言葉を分かったことになるのだと思った。朝鮮語の授業を受けて変わったことは、テレビなどで朝鮮の国の番組を見ると、今までなら聞き流していたことなのに、それを見るようになったり、朝鮮の言葉が画面に出てきたら、ついついそれを読んでしまったりする。やはり日本に一番近い国のことを知っていくということは大切なことだと思う。日本と朝鮮ではあまり仲良くないかも知れないけど、ぜひお互いのことを正しく理解し合って仲良くしてもらいたい。朝鮮語の授業の方はというと、文字が少し読めるようになり、挨拶程度のことしかできないけれど、朝鮮語の授業を終えて、朝鮮に対する考え方が変わったのは確かだ。これから、選択授業で何を選べばいいか迷っている人はぜひ、朝鮮語の授業を選んで欲しいと思う。僕は朝鮮語の授業を選んで本当によかったと思っている。最後に、朝鮮の遊びのユンノリはとても面白かったです。』（一九九四年二月）

二〇余年前、西田先生の招きで宮城から来られた林竹二先生（元宮城教育大学学長）による尼工での公開授業には深く学ぶことがありました。荒れまくり、教室の中に座ってきちんと授業を受けられない生徒に対する授業でした。生徒たちの欲する授業に、餅ではなく石を与えるような授業をしている教師が多いことをたしなめながら、しかも教室へ入室の時から満面に微笑をたたえながらの授業態度は、未だに私の脳裏に深く刻みつけられております。

私の職業人生観を変えた大切なお一人、西田先生

本当にカムサハムニダ（ありがとうございます）。

（大阪成蹊女子短大非常勤講師　元兵庫県立尼崎工業高校教員）

蒔かれた「朝鮮語」の種

方　政　雄

西田秀秋先生と初めて出会ったのは、今からざっと三〇年前の話である。私が尼工（県立尼崎工業高校）三年の頃だったと思う。

その年の六月尼工で、ある教師の朝鮮人生徒に対する差別発言をきっかけとして在日韓国朝鮮人生徒、部落出身生徒等、被差別下に置かれている生徒たちが中心となり、学校は、教師は、自分たちにどのような教育をしてきたのか、またどのような教育をしようとしているのか、またしなければならないのかを、怒りながら、泣きながら問いただしていった。後にいわゆる「六月問題」と呼ばれる出来事である。

私たちは差別の中で生き抜いてきた親の生き様と、それに続く自己の生活をクラスで語った。涙ながらに訥々と語る朝鮮人生徒に答えるように、部落出身生徒、沖縄出身生徒、母子・父子家庭の生徒等、社会的ハンデイを背負った級友たちが、自分の奥だけにしまい込んでいた苦しい想いを語り始めた。語るごとに生徒たちの意識は高揚していった。尼工の教師集団はその生徒たちの思いを正面からとらえてくれた。

その一つの試みとして、学校で講演会が持たれることになった。その講師の一人が西田秀秋先生であった。会場の体育館の中は生徒たちの熱気で騒然としていた。その時西田先生が話された具体的な内容は今記憶の中に浮かび上がってこないが、しかし「あの人は私たちの側の人だ」という本能にも似た思いを持ったことは今も鮮明に覚えている。講演が終わり、私たちと二言三言西田先生はことばを交わされた。その先生のあのはにかむような笑顔に、安堵感と親しみを感じたことを覚えている。

それから十五年後、西田秀秋先生らが中心となって開講された湊川高校の朝鮮語を、私が教えることになるとは夢にも思ってみなかった。

県立湊川高校は、全国に先駆けて韓国朝鮮語が必修の正課として開講されて、今年で二八年目を迎えている。今でこそ全国約二〇〇校近い高校でその授業が営まれ、少しは外国語としての市民権を得始めようとしている。二〇〇一年からは大学入試のセンター試験に導入されることが決まっている。しかし隣国の言葉が日本の公教育の中に入る余地すらなかった当時、言葉を学ぶことを通して隣国を(「在日」も含め)歪みなく正しく理解し、友好を深めようという目標を掲げて設置されて行くが、そこに至るまでの努力と英断は四半世紀を経て、その先見性が今ようやく認められつつあると私は感じている。

兵庫県下でも西田秀秋先生が校長として実施された総合学科の県立神戸甲北高校を初め、湊川高校も含め現在十四校の高校で韓国朝鮮語が開講されている。そして西田校長先生の薦めもあり、今神戸甲北高校でも韓国朝鮮語授業の教鞭を執っている。

一九九九年の夏、全国で韓国朝鮮語を教えている教師が一同に集い、韓国朝鮮語教育に携わる教職員及び関心を有する者相互の情報交流をはかり、研究活動を通じて韓国朝鮮語教育の発展と充実をはかる目的で「高等学校韓国朝鮮語教育ネットワーク」を設立した。そしてこの目的に添って学校教育の中で学ぶ韓国朝鮮語の「基本語彙」や「学習のめやす」そして「統一教科書」の作成等、今全国各地で具体的な活動が始まっている。

この間大学入試センター試験への導入、そしてワールドカップ日韓共同開催、また統一に向けての劇的な朝鮮半島の和解と、日本の韓国朝鮮語を取り巻く状況も新しい段階に入ったように感じている。

西田秀秋先生が先駆者として不毛地帯の中に蒔かれた「朝鮮語」という種は、芽となり今空に向かって伸びようとしている。

（兵庫県立湊川高校教員）

西田先生からもらった宿題

遊間勝夫

先生が校長を退職した年の六月から週一回、お宅に伺ってボイスで入力するパソコンのお手伝いをしています。西田先生は病に倒れ車椅子の生活になってからも、部落問題から片時も離れたことがない。骨の髄まで部落出身者として生きようとしている人だと側にいてつくづく感じます。今はお元気であった頃から書き溜めてきた小説「奇兵隊」を完成することに執念を燃やしておられます。「死ぬまでにぜひ完成させたい。高杉晋作というと英雄みたいに思われているが、部落の人間を奇兵隊には入れるなと言った奴なんや。部落の者は人間の誇りとして部落出身者だけの軍隊『一新組』・『維新団』をつくって闘った。しかし資料がありながら誰も書かない。このままだと歴史に埋もれて消えてしまう。これが書けるのはわししかいないと思っている。わしは部落の若い衆に部落としていきる誇りを持ってほしい」とその動機を語っていました。歴史資料に部落側から息吹を吹き込んで人物造形をする作業は、部落出身として生きてきた人のみが成し得ることと思います。先生は原稿と資料をいつも側において推敲されています。去年の全同教広島大会に同道しましたが、その時も原稿を持ち歩いて宿舎で目を通しておりました。「これはわしの命より大事なものなんや。もしも火事などになってこれが無くなると『一新組』・『維新団』のことが歴史から消えてしまうと思うから持ち歩くんや。」と言ったことがあります。それを完成させるためにはどうしてもパソコンが必要で、ボイスによるパソコンをするようになったのはそのためです。画面の中央が見えにくい・右手と声だけによる操作という困難の中、先生からみるとひよこみたいな私に一つ一つ丁寧に聞いてパソコンに向かっている先生の姿から、執念みたいなものを感じております。

ボイスパソコンを初めてから二年半がたちました。パソコンに向かう前の小一時間、部落問題の話をほとんど毎回先生から聞けるのが楽しみです。かつて先生が部落出身の生徒を集めて部落の歴史や部落問題を語って元気付けてきたことを、いま私一人が受けていると思うと全く贅沢な話です。今の学校の部落出身生徒に就いても相談しました。自分の考えのいたらぬことが得心できるまで丁寧に分析してくれるので頑張ろうという気持ちになります。うまくいかないときも頑張りどころを指摘してくれて「生徒のために頑張りなさい」と励まされます。昔の先生を知っているのできっと「このスカタンめ。なにをもたもとしとるんや」と心の中では感じていたと思いますが、いつも柔和な合槌で接してくれました。昔は、先生の所に行くのにはまず深呼吸しないと行かれなかったのです。でも、部落問題についての妥協は許さないという思いは今も昔も変りません。つくづく「この先生は骨の髄まで部落出身者なんだ」と思わざるを得ません。

私は先生から「部落の人間としてきちんと生きよ」という一生かかっても終わりが無い宿題をもらっています。いまだにもたもたしているなと自分でも思います。そのために部落の生徒や朝鮮人生徒や障害を持った生徒への冷たさや甘さが自分にはあると思います。

とくに「ごんた」な生徒に対して及び腰になっていると思います。原因は、自分の親や生まれ育った自分の村を他人事とみていることにあるのかと思っています。これについては後ほど述べます。

教師生活は尼工九年間・こやの里養護学校十一年間それに今の西宮西高等学校(定時制)の八年間と

通算して二八年間です。大学院を卒業する年、二五歳のときに尼工に勤めている知り合いから私の知り合いに誘いの手紙が来てそれを見せてもらいました。部落出身生徒や在日朝鮮人生徒が多い学校で生徒と裸でぶつかれる学校だということが書いてあったと思います。教師にはなりたくないと思って教員免許を取らなかったので問い合わせると、やる気があれば実習助手で働けると言っていました。部落については野間宏の「青年の環」を読んだくらいで、部落のことは関西のことだと思っていた位何も知りませんでした。でも裸で生徒とぶつかれるというのに引かれて尼工に行こうと独りで決めてたしか十一月だと思いますが、単身で尼工に挨拶に行きました。その日はちょうど高砂熱学の糾弾会の日で私も会場に行きました。そして昭和四八年五月から実習助手としてお世話になることになりました。私が部落出身だと分かったのは二回目の担任を持って動いていた全同教東京大会の前年です。三三歳でした。その時は尼工で部落出身生徒のことで動けば動くほどうまく行かず悩んでいたときです。

ある日、西田先生の所に呼ばれました。中谷先生が一緒にいってくれたと思います。西田先生から「遊間、おまえの家のことを話してみい」と言われ思い出すままに話しました。「おまえの小学校からの友達でOがいるやろ。彼はいま南葛の部落研でがんばっとるんや。おまえの所は部落やと思う」と言われました。（Oとはその年の夏に全同教東京大会の準備会で会い、Oから「かっチャン、久しぶりだな」と声をかけられました。）私のなかでは西宮の部落の生徒を家庭訪問したときに、久しぶりに味わうふるさとの雰囲気（おかんの話し方や家でのくつろぎ具合など）を感じたのでそれほど突拍子もないことではありませんでしたが、東京の下町（葛飾区東四つ木）に二六歳まで生まれ育って部落ということを聞いたこともなければ言われたこともなかったので、半身半疑でした。それからというもの、私が部落問題を外したり、ごまかしているときの西田先生の厳しさに身を持て余しました。恨みもしました。その正月両親に「うちは部落だと言われた。俺はそれで頑張るから」と言いました。父親は強く否定しました。母親は「うちのおじいちゃんは村では生き字引みたいな人で、庄屋のようなことをしていた。皇居の植木を触っていたから宮中にも正月には出入りしていたんよ。そうではないと思うよ」と言っていました。正月が明けて西田先生に喫茶店で報告すると「遊間、宮中に出入りしていたからそうではないと言うのか。部落の人間でも宮中には出入りするんや。部落でないと思って安心しとるんやろ」と怒鳴られました。それからというもの部落の人間として生きようと努力しながら、部落出身としてどう自覚したら良いのか分からず、「部落」がかさぶたのようについたまま、肉にならないでここまで来てしまったのかと思います。

しかしその間に、今から思えば部落問題に関わることで西田先生から動き方をいくつも教わってきたと思います。例を挙げます。

こやの里養護学校でのことです。授業研で陶芸の取り組みを報告しました。先生から「陶芸を本気になってやらんかえ。将来それで飯を食えるような生徒が出てくるかも知れんやろ」と言われました。実際そういうことが起きました。三年になり自閉症の生徒の親から「対人関係は難しい子なので、陶芸で仕事させたいと思っている」と申し出がありました。八方あたり信楽青年寮を見学しようとしました。その時進路指導部が動いてくれて三田屋社長とめぐり合いました。あれから十六年たちます。今でも休まず彼は三田屋で陶芸の仕事をしています。三田屋には十人が就職しました。そのなかにI

という女生徒が居りました。

感受性が強く人の見分けがとりわけ強い生徒でした。時には一日中トイレから出てこないこともありました。彼女が「まー。まー」と言って近づいてくれました。クラスは違いますが親は説明会に来ました。そして実習をしました。社長は「えいちゃん。仕事においで」と言ってくれました。ところが担任はいかない方が良いと言い、親は悩んでいました。それを授業研で報告したとき、先生から「所詮そんな先生かと親は思っているわ。誰のことを思って逡巡しとるんや。家庭訪問して親と一緒に社長に会うようにせんかい」と言われました。

数日して一緒に社長に会いに行きました。社長は「よう来てくれました。私の兄も障害者なのです。私は部落として生きてきました。苦労してここまで来ましたが世の中のためになるようなことをしたいと思い、障害者を社員として受け入れようと考えています」と親に言いました。父親は「これで胸の痞えが取れました。お願いします」と言いました。この時社長がガンに冒されていました。そして三年後に亡くなりました。遺言には《子供たちのための会社とすること》としたためられていました。それから二年間Iは通いました。いまでは伊丹の作業所に元気で通っています。今でも三人で社長の命日には線香をあげに会社に来ています。先生から後で聞いたことですが、社長と先生とは面識があったようです。社長が障害者を受け入れてくれるようになったのはこのような部落側の大きな支えがあったからだと思うと、自分が動いたから実現したのだという考えの傲慢さに慄然とします。

私は、もともと争いごとを避け、そのなかで一生懸命に生徒のことで動こうとしてきたように思います。先生からは部落問題に中途半端はない、白か黒かどちらかなんや、真ん中にいると思ってもそれは部落から見たら裏切りなんやということを教わりました。学校を相手に、一人であっても生徒の側に立つことが必要だと教わりました。「社会に対して一人でも立ち向かう気概がなければ、部落問題は解決しない」ということを先生の経験をかんで含めるように教えてくれました。

私が大学にいた頃、周りの友達が世の中の動きを読みながら良い会社に就職していったり、教授にうまく合わせて論文を書くのを傍目でみながら独り悩んでいました。自分の所が部落だとは知らなかったので、部落のことではなく小さいときにイタズラで切断した左手の人差し指のことで悩んでいました。大会社はこんな障害を持っている俺を雇うわけが無いと独りで決めてかかって就職するのが怖かったのです。それでも友達のように旨く立ち回ろうという気はありませんでした。大学院に行けば何とかなるかもしれないと思い、大学院に行きました。それで必死に勉強しました。でも、心の中では都会の空気になじめないものがだんだん強くなり浅草の裏町に行ってはラーメンを食べたりして過ごしました。クタクタになってもう働こうと思っていたときに尼工からの手紙を見たのです。中学の頃「朝から夜まで真っ黒になって働いていても、明日がどうなるかもしれないという不安定な仕事をしてきた親父を見ていて、この街では働きたくない。」と思って親の苦労を承知で大学まで行こうと決めて中学から必死で勉強したので、上澄みを吸って生きてきたのだと思いますが、安心できる所は自分が生まれ育った下町の雰囲気だと思っていて、尼工もそういう学校かもしれないと感じて行こうと決めました。

私の生まれ育った東四つ木（昔は葛飾区本田渋江町・木根川町）のおふくろが育った頃については、豊田正子の「綴り方教室」に書かれています。彼女はおふくろと同じ年で、隣近所に住んでいました。

東四つ木は荒川放水路と中川・綾瀬川との合流点にあります。荒川放水路は大正三年から十年余りをかけて作られた川で、それ以前は中川・綾瀬川しかありませんでした。良く氾濫する川で特に明治四〇年代年の洪水はひどかったようです。そのために南北を縦断する荒川放水路が作られました。その工事のために朝鮮人が多数動員され働かされて、朝鮮人が東四つ木には沢山住んでいます。でも関東大震災の虐殺のためと思いますが小・中学校のとき誰が朝鮮人なのか分かりませんでした。おふくろが「川で朝鮮人がきぬたで洗濯していたのをみたことがある」と後で聞きました。

その放水路の真ん中に下木下川村がありました。その村が移転して木根川町になりました。明治になって東京市内の皮革産業が木下川村にあつめられ、今でも墨田区の木下川は豚のなめしの八〇％以上のシェアーを誇っています。私の生れた渋江町は木根川町のとなりです。オモチャ工場やゴム工場やプレス工場の多い零細工場の町です。小学校の頃、学校の隣りの空き地に革を干している所があったり、二〜三箇所皮革関係の工場がありました。関東大震災で焼け出された人たちが多く移り住むようになったり、食い詰めて移り住んだ人が多く、長屋と零細企業の多い町です。関西に来て部落に対する厳しい差別を目の当たりにしてきた私から見ると、朝鮮人や皮革産業などをそれほどの摩擦なしに受け入れて暮らせる町は部落以外に無いと思います。だから東京の部落の一つの形態が私の村ではないかと思います。今まで皮革工場は木根川に多いから渋江は違うのではという思いを引きずってきましたが、渋江を含めた大きな部落が東京の街作りの中で作られてきたのではないかと思います。大学時代に母親が保険の外交をしていましたが、ある時「勝夫、家庭教師してくれといわれているんだけど。父親は朝鮮人なんだけど」と言いました。

その家とは母親は親戚のような付き合いをしていました。いくら思い出しても母親には朝鮮人に対する差別観は一つもありませんでした。この様な考え方を知らぬ間に受け継いでいるとしたらありがたいことだと思います。西宮の部落に入ってふるさとを感じたのは渋江に生まれ育って身につけた部落のぬくもりなのかと今は整理できそれを失わなくて良かったとおもいます。それでも村の上澄みを吸って生きて来たために今でもゴンタな生徒に距離を置いてしまいます。これから努力していかねばならないことだと思いつつ、なかなかです。

部落は行政によって作られてきたと思いますが、それをはっきりさせるには歴史をもっと勉強しなければならないと思います。そして、親を含め村の人の思いをその歴史と重ねて聞いていかねばならないと思います。私に書けるのは今の所ここまでで、この先は私の宿題だと思っています。

（兵庫県立西宮香風高校教員）

教科書より大切なことが

土井加代

高校という所があることは知っていたけれど、自分にとって何の関係もないと思っていた二〇数年前、夜間高校があることを知り、自分も通えると聞き、夢ごこちで湊川の門をくぐることになった。小・中と学校と名のつく所で真正面からつき合ってもらったことのない自分にとって、湊川高校は本当に変わっていた。

今迄「ゴミ」扱いされていた、いや世間では「ゴミ」どもが、湊川では少しちがう。教師を信じて良いものか、何度も何度も確かめようとする「ゴミ」ども。教師を呼ぶ時も、何々先生と呼ぶ生徒も少ない。授業らしい授業もほとんどなかったように思う。毎日毎日校舎のあちらこちらで窓ガラスの割れる音や誰かの叫び声。現在で言う学校といわれる現場とは、ほど遠いものだった。

その中で先生は、口ぐせのように「教師は人形や。なんぼお前らがどついても、手も足も出せんのやぞ」、一部の教師は警察への連絡を考えていた者がいた中「何があっても、生徒を警察の手には渡さん」と言い続け、生徒も教師も皆々で体をはっていた。あの頃の湊川がはっきりと思い出されます。今自分の子供たちに湊川高校の話をする時、四人の子供が目を輝かせながら聞き、いや自分自身が目を輝かせながら話しているのかも知れません。子供たちの学校にも「教科書一冊まるごと覚えるより、それ以上に大切なことが沢山ありますから」と、小学校・中学校・義務教育、だれもが平等に受けることができるその時期こそ、本当に考え直さないといけないのかも知れません。

子供二人を高校に送り出し、子供たちから聞く話は本当に冷たいもので、人間が本来持つべき暖かさなど感じることも少ない。でも子供たちはそれを何なく受けとめ「これが現実や。今特別にめずらしいことでもないよ」と言いのける。親という名を名のっている以上これには頭が痛い。世間で言われるところの問題児でもなく育った子供たちを、たきつけることもできず、親と言う受け皿をただ大きく大きく頑丈にすることくらいしかできませんが、結構楽しくもあり、子供たち四人には生まれてきてくれてありがとうと、心の底から思います。

「ありがとう」何て良い言葉でしょうか。自分が湊川で過ごした四年間、心の底では毎日きっと叫けんでいたんでしょうね、ありがとうと。教育とはすぐに結果が出るものではない。本当の教育はずっとずっと後の方から出るものなのでしょう。湊川を卒業して十八年。あの頃の四年間の結果が、今の自分であるように感じます。林竹二先生、竹内敏晴先生、カメラマンの小野さん、朝鮮語へのかかわり、部落研。教科書だけの教育でない本物の教育を受けることのできた自分は、最高の幸せ者でした。

今も子供たちを育てるのではなく、まず親である自分、親育て、自分自身を育てている真最中。子供は一度やって来たから、でも親をやるのは初めてだからと、何か失敗するたびに笑って言えるようになりました。背伸びばかりの人生も少しは楽になりました。やっと本音でものも言えることになったかなとも思います。まだまだかな?

姪との関わりが尾を引き、現在は知的障害者の作業所に勤務しています。老人ホームやデイサービスなど、やはり行きつく所は福祉の職場になりますが、先生と同じで足抜けできそうにもありません。退職と聞き、「えー、もうそんな歳やんや」と言いのけた自分も四〇歳近くになろうとしていますが、まだまだ「ご苦労様。これからゆっくりと過ごして下さい」とは言えませんが、先生の受け皿で育てられた私は、人に「ありがとう」と言える人間になりました。世の中沢山「ありがとう」を言わなくてはいけないことも知りました。西田先生、本当に本当にありがとうございました。そしてこれからも宜しく。まだまだお世話かけると思います。

病気をしている暇もきっと無いほど忙しいと思いますが、お身体には十分気を付けて、まだまだ心は現役で。

（兵庫県立湊川高校卒業生）

子供を持つ親として

射延桂子

「私は、同和地区にすんでいます。」

教室の一番前の席で、クラスメートの視線を背に受けながら、細々とした声であっただろうが、こんな小さなクラスにも、私のように出身者が身近にいるんだ、そして、様々な不安を抱いているんだ、という思いを話した。

最初の一言は覚えているが、その後に自分の口からでた言葉はハッキリと思い出せない。その一言を言うのが精一杯だった。が、先生の大きな働きがあったからこそ名乗ることが出来たのです。学校の中で差別問題を取り上げ、無関係と思っていた人の頭の中に、身近に存在する差別の実態を浸透させてくださいました。そして、私の周りに、柔軟に受け止め合える人・環境を作ってくださいました。また、先生と一緒に同じような立場の人たちと集まり、互いの状況・思いを話し合えた時間は、とても心強いものがありました。自分の周りにも差別を受けている人たちがいることを改めて気付かせてくださいました。

自分の立場を知らされた時から、少なからず結婚の時には壁にぶつかると思っていましたが、冒頭の場面で同じクラスにいた主人は、一緒に理解し、自分なりに勉強してくれたりで、とても力強い支えになってくれました。

社会に出て、意外なところで差別的な言葉を耳にします。が、その一方で、いろんな地域で、差別問題に取り組む姿を見ることが出来ます。子供を持つ親として間違いのない言葉・態度を示さねばなりません。そういう世代に、今、私はいます。小さな行動かも知れませんが、大きな結果につながると思います。私の中には、先生の影響が大きく存在しています。そして、同じ時間を過ごせたことをとても有り難く思っています。

最後になりましたが、今後はお体にご留意され、ご活躍されることをお祈り致しております。

私信から

前文お許しください。ご無沙汰いたしております。

先日、田中康憲先生より、手紙と電話で連絡をいただきました。脳梗塞で倒れられたこと、そして、今、車椅子で生活をされていると聞きました。なのに、すぐにお見舞いにも行けず申し訳なく思っています。

それから、甲北高校の校長をご勇退されるとも伺いました。大変残念なことですが、西田先生らしい道の選び方ですね。教師の仕事を離れられたとしても、解放教育のほうで、まだまだご活躍されるだろうと思います。が、どうぞご無理をなさらないようにして下さいね。

今回の原稿の件、遅くなりましたが、田中康憲先生のご自宅に送付させていただきました。文章を書く機会のないこの頃ですから、突然でびっくりしましたが、私の名前を覚えていてくださったことがとても嬉しく、感謝の気持ちでいっぱいです。昔から変わらず文章を書くのが苦手で、なかなか筆が進まず、頭の中では高校時代の出来事やらが巡っているのに、久し振りに緊張した時間を味わいました。

私はといえば、この二月、三〇歳になり、二歳の娘をもつ専業主婦という生活をしています。主人は一、二三年同じクラスだったY・Iです。ご存知でしょうか?

平成五年六月に結婚、I市に住み、一年後、社宅の都合で、N市に引越、半年後の震災でKに移りました。この時住んでいたマンションが少し歪んでしまい、主人の会社から「少しでも安全な所へ」ということで、たまたま空いていたKの社宅に移ったのです。私達も親戚も無事だったのですが、同級生に亡くなった人がいたり、近所の知り合いの人や家族の亡くなった人、家が失くなった人も多く、とてもやりきれない思いでした。

そして、その年の秋、主人の転勤と妊娠が重なり、七年半勤めた会社を退職し、東京都K市に引越し、翌年一月、娘、Y子を出産、そして昨年、またまた社宅の都合で埼玉県W市に引越し、現在にいたります。なんだか毎年のように引越しをしているので、もうプロ並み(?)の腕になりつつありますが、しばらくは、転勤族と言えども、この地で落ち着けそうです。社宅に住んでいるということで、子供を通して行く先々で新しい友達にとても恵まれ、楽しく過ごしています。年に一、二回帰省しています。今度は秋頃になると思いますが、その折り、お会いできればと思っています。

どうぞ、今は周りの方に甘えて、お身体お大事にして過ごして下さい。


(兵庫県立東灘高校卒業生)

隠居は許しません

鍛示英子

私事で恐縮ですが、阪神淡路大震災の次の年である一月四日、私、年老いた親父を末期肺ガンで亡くしました。親に甘えることしかできずに、親不孝をしてきた者の一人です。私が父の死を看とった後、先生から一通のお便りを頂きました。

「明日、校内で一月十七日の阪神大震災復興祈念集会を持ちます。千名の全校生には、一年目を迎えた震災のことを決して忘れないようにということと、傷ついた人のことをいつも慮んばかることのできる人になりなさいということを言うつもりです。

短い期間だけでも親孝行をされたことは、亡くなられたお父さんにとっても、君にとっても、お互いに救われることではなかったかなと、君からの手紙を読みつつ思いました。親鸞の言う一心に念仏を唱えれば、浄土へ行けるというのも、本当だなと感じとれる年になりました。君も、お父さんのために、一心にお祈りをしてあげて下さい。今は辛いでしょうが、人は別れを重ねながら、人間としての修養を積むのだと思います。生徒のために良い仕事をしてください。それが何よりお父さんへの供養になります。また、会いましょう。それまで元気で頑張って下さい。時節柄、くれぐれもお身体を大切になさって下さい。

平成八年一月十六日」

その後にいただいた便りの中でも、「手を抜かんと子供のための良い仕事をすることが、親父への何よりの供養だ」と諭され、身の置き所のないような悲しみの中でも、最も気の利いた言葉で激励して下さったのが西田先生でした。そして、自分のこれからしなければならないこと、すなわち自分の教師として仕事を見つめ直すことができました。私がこの怖い西田先生に出くわしてしまったのは、二五年前の高校生時代です。

田舎から出てきたばかりの小娘が、高校奨学生の集いで「芦屋」の某旅館に集った時、ただならぬその雰囲気に、とんでもない場所に足を踏み入れたと直感的に後悔しました。農村の部落に生まれながら、気楽な所で生きてきた小娘にとって、ぼそぼそとわざと小さな声で話されるような先生は、ただ怖いだけで、「この人の前からは、もう逃げられない」といった印象さえ受けたものでした。一方、自分の恥をこれだけ晒して、何になるんや、何の展望もない……私は私の解放の道を考える、放っておいて」そんな十代の生意気な反発もありました。そして、真夜中にその旅館の鍵を開けて、逃げ帰ったことを思い出します。しかし、最終の播但線の列車の中で、聞き覚えたばかりの「解放歌」をいつのまにか反芻していました。家に辿り着くまでの夜道では、その歌をぼろぼろ泣きながら歌っていました。今にして思えば、逃げても逃げても、いずれは部落の懐に戻っていくしかない私の姿が、先生には見えていたのだと思わずにはいられません。

そんな初めての出会い以降、再び先生にお世話になったのが、神戸女子大学差別事件直後でした。地方から集まってくる女子大には不似合いな、部落問題研究部の部室につないでくださったのも先生でした。広島から来た先輩の後について、先生のお知恵を借りることがありました。とにかく、この先生の怖さといったら、部落研の部員一同が逃げ回るほどでした。しかし、ありがたかったのは、新任六年目の今津中学校で、見よう見まねで、子供達自作の学級劇「ウエリコン」をやろうとした時のことでした。身内である部落の子と、三年生になってようやく本名を名乗った朝鮮の子が舞台に立とうとした時、はるばる湊川からその指導に駆け付けてくれたのも先生でした。十代から四〇代までの間、何度も言われたことは、「今度は逃げへんな」と釘をさされたことです。部落出身の教師である自分が、自分の保身のために、安住の場にいることは、決してできるわけではありません。そのことを身を持って諭され、一番知っていらっしゃったのは、先生ご自身だろうと思います。さて、先生の今回の入院と退職は、ぬくぬくと生きてきた私にとって、寝耳に水で予想だにしないことでした。いつまでも先生が先を歩いてくれている……そんな安心感にどっぷり浸っていたからかもしれません。入院以来、この仮想父親に向けて何通かのラブレターを送りました。したがって、三月二九日にあった「勇退記念祝賀会」の案内状をもらった時でさえも、実は退職への恨みごとを書き添えるほどでした。それは、私は一度も先生の教え子して、表向きの授業を受けたことはないからです。もちろん連れあいの樫木は、私の教え子のR子を湊川に預けて以来、彼女のつきそいとして聴講生として入学させてもらっていますし……唯一、彼が西田先生の湊川の教え子として過ごした証しとして、一枚の通知表が私の手元にあります。

この通知表は責任を持って私が保管し、何かの時は恨みごとの一つも言わないとすまないと手ぐすね引いて持っています。入院された直後、樫木が「西田のおっさんの足になりたいな」と突然話し出しました。どこへでもおっさんと一緒に行こう……現実にはご家族の毎日の看護と闘病の賜物で、先生は病院から出られました。「娘のリハビリはきついで……ちょっともまけてくれへん」と嬉しそうに言いながら、実に謙虚な入院患者として努められていました。そして、その後、『李殷直先生講演会〜人権と教育を考える〜』の冒頭で、先生は珍しく声を詰まらせてしまわれる日が、来てしまいました。

「三〇年前、李先生は公立高校の中で、朝鮮人の子供達に奨学金を取らせる運動の助力者でした。私はというと、高教組の中でも部落の子や朝鮮人の子を名乗らせていく運動のリーダーとして、少数派の部類に属していた。この先生との出会いがなかったら、今の自分はなかった」そう先生は話されました。これだけ話されるのに、ずいぶん時間がかかったことを私は未だに忘れられません。

いつも強気で、一歩もひかない所で孤軍奮闘してこられた雄弁な先生が、丁寧にそして神妙に恩師にお礼を言われる場面に直面して、回りにいる者の方がかえって姿勢を正しました。八〇才を越える李先生の姿が、きっちり西田先生と重なって見えた一瞬でした。と同時に、六〇才ぐらいの若さで先生をたやすく「隠居」させてはあかんと焦りました。先生の涙にだまされて、年を感じるなどと言っては、八〇才を越えてなお、生き字引きのように矍鑠として兵庫に足を運んでくださった李先生へのお礼になりません。李先生が、朝鮮奨学金設立に奔走されたいきさつを語られた原稿の中には、「日立就職差別事件」の法廷で、西田先生が法廷の証人として出てくるくだりがあります。採用取り消しを受けて、日立と戦う朴青年に向かって、「お前の担任が本当の教育者なら、お前にこんな苦労をさせなかったはずだ」と言われ、何ら答えられなかった朴青年の担任との対比が鮮やかだったと李先生は、記されています。

『本当の教育者』と言われてドキッとしたのは、裁判所の人達だけではなかったろうと思いました。今回の李先生の講演会は、西田先生からの私達への贈り物やないかとさえ、思われる節があります。なぜなら、李先生がその演台から降りられてから、再びマイクを取って、壇上に登られ、何の脈絡もなく、本当に突然、こんな話をされます。

「被差別の中で生きてきた人々の歴史を学ぶことが、自信と誇りを持つことになる。一人だけ隠れて、真の幸福はないし、手を携える同志がいなければ、死ぬしかない。共に闘っていく仲間を作る姿勢を持った子供達を育てたい。（略）

組織の守り方で言えば、同じことを言っても、人はついてこない。しかし、終始一貫した考えさえあれば、組織からたとえ叩かれようとも、崩れることはない。人間は節操を守って、信念を曲げないこと、仲間の中の過ちは、批判していくべきだし、たとえ孤立してもいつかは通じるはずである。」

この講演は、李先生をして、私達自身への大きな贈り物であったし、西田先生への労いの言葉だったかと思われてなりません。鬼の「西田先生」が、仏の「西田先生」になってもらったら困るがな……と、気弱にしたら、このおっさんはアカンぞ、もっと怒らせるような、心配事を一杯持っていかなあかんわ……とその時、思いました。周囲の先生方は、先生の体調を考慮されるあまり「ぼけた」「あぶない」と言われますが、私は一度も生徒として教えを請うていない以上、これで楽隠居されたら困るのです。まだまだ教えてもらわないとあかんことが、一杯あるからです。一筋に一筋に脇目も振らずに歩んでこられたこの道の、ずっと後の方からぼそぼそと続く者もいます。魯迅ではないですが、先生の歩いて来られた分だけ、道は続いています。トンネルの向こうの一条の光として、存在し続けてほしいのです。一条の光でさえも、そこを頼みとして歩ける人もいます。それは、「勇退」とか「隠居」などという、なまやさしいものではないと思うから、こうした不遜な題名の文章になったのです。恨みごとの一つも言いたいと駆け付けた「勇退記念祝賀会」でしたが、吉岡先生の言われたように、退職を祝う気分にもなれなくて、「万歳三唱」は控えさせていただきました。それよりは機能訓練もかねて、くるみを握りながら音声入力のワープロ発信にいそしんで、絶えず苦言を言って貰う方が、よほど気が楽です。教え子でない私が、先生と仰ぐ西田先生に、「隠居してもらったら困るんや」と、あの時、実は言いたかったのです。ほっとしないでください。どこかへ行きたいという指示を受けたら、すぐに櫻木と参上しますので、ご一報ください。

（西宮市立平木中学校教員）

[4] 教育の原点を求めて

明日へのエネルギーになる一言

徳田泰治

西田先生と一年間、教頭として神戸甲北高校で過ごさせていただいた。この一年間は四月の生徒の制服のことから始まり、五月の総合学科指定校の受け入れ宣言、「産業社会と人間」のカリキュラム、シラバス作成作業、一月の阪神淡路大震災と大変な一年であった。七年分ぐらいの思い出が詰まっている一年であった。

しかし、教頭としては、何かとやりがいのある一年であり、新しい教育活動に対する挑戦であり、元気の出てくる、存在感のある一年であった。

西田校長先生は教頭の私が「こうしたい」と言うと、いつも即決で「そうやりなさい」と言ってくださった。教頭プランが否定されたことは一度もなかった。学校運営のことで、叱られたこともなかった。責任は校長が取るから、とにかく未来に対して、生徒にとって何が一番幸せかを基準において、「一生懸命やりなさい」という姿勢であった。教頭としては本当にやりやすかった。時にはアホかと笑われたが、それは明日へのエネルギーになる一言であった。

一年間は多忙であったが、苦痛なことは何一つなく、毎日学校が楽しかった。毎日自分が少しずつ成長していくのが分かるようで楽しかった。毎日、生徒への厳しい姿勢から多くのことを学ばせていただいた。

　西田校長先生は細かいところにも気が回る人であった。講話・式辞はすべてワープロで打ってあり、事前に見せていただいた。原稿を書いて自分の思いを確かなものにし、後々の参考にするということを私も学んだ。

　校長先生は、教育者として、教師として、一番大切なのは、生徒を厳しく鍛え、生きる力を身につけさせる「授業」であると常々言っておられた。秋に宮城教育大学の武田先生のもと、授業研究会を持てたこと、詩人の金時鐘さんの講演を聞けたことは、私の大きな財産となった。これも校長先生の人脈の広さと教育に対する情熱の現れであり、その一部に触れられたことは幸せなことであった。

　校長として学校を守るという、仕事についての先生の動きを、平成七年一月十七日の阪神淡路大震災のときの一週間で見てみたい。

平成七年一月十六日（振替休日）
　午前中晴れ、午後は雪が一時舞うという冬日であった。センター試験の自己採点の三年生が登校、運動場ではサッカーの練習試合というごくごく普通の日であり、次の日の早朝に異変が起こるとは予想もできなかった。

十七日（火）
　余震の合間をぬって、歩いて登校し、八時過ぎに学校に着いた。学校には教員一名と生徒二名が既に登校していたが、すぐに神戸電鉄の運転再開まで休校を指示。ライフラインが止まり、何一つ情報がつかめないまま、大変なことになっているという感じのまま、出勤してくる教員とともに校舎等の被害点検、後片づけをした。理科教室は一面、薬品が流れ出し、異臭がしており、手が着けられなかった。十時過ぎ校長が出勤した。このときも校長先生は余裕があり、私からの報告、休校指示を出したことについても、当然それでよいと、全部教頭の私に任せてもらえた。

地震後の校長の対応も、決断も早く的確だった。

十八日（水）

職員・生徒の安否確認作業の大半が終了。夜、他府県からの警察機動隊の受け入れ要請があり、二三時四五分に校長先生も出勤されたが、受け入れ時間未定で帰宅。

十九日（木）

死者三千名を超えるというニュースの中、宝塚仁川百合台の崖崩れ現場で作業中の茨城・静岡・新潟・愛知県の機動隊三五〇名の受け入れ。二一日（土）までの休校決定。二五日出発予定のスキー修学旅行の中止。午後にバイクによるパトロール隊三チーム六人を、兵庫区の避難所を中心に出動させて連絡版を設置する。

二〇日（金）

不明であった三年生三名、二年生七名の全員無事を確認。職員・生徒の被害状況や避難所等の確認作業も竹中先生等の手により続けられ、ほぼ全体がつかめた。

二一日（土）

竹中先生等の手により、生徒への授業予定、「二三日（月）まで休校、二四日（火）十時登校」のテロップをテレビに流すことができた。十時にはＰＴＡの役員会が開かれ、被災の生徒・家族への支援が話し合われた。午後には連日のようにバイク三チームが避難所の生徒に日用品を配布した。

二二日（日）

校長、六時に出勤して状況を収集し、神戸市北区はほとんど被害を受けていないので、二五日（水）以降午前中授業予定、三〇日以降普通授業予定、登校できない生徒に対するフォローを決める。

神戸甲北高校が六甲山系の中にあり、地震被害の少なかったのが幸いであったが、兵庫区・長田区・中央区に住んでいる生徒たちは、最も大きな被害を受けた地域に住んでおり、大災害であったが、一週間単位で教職員・生徒の生活も落ち着きを取り戻していき、二七日には機動隊の任務も終わり、次いで兵庫高校を受け入れて、分校方式で授業をするまでに至った。

その後も、校長先生は三年生の学年末考査、避難中の高校生の転出、転入決定、住宅斡旋と多忙であったが、二月に入ると、理数コース入試、卒業式と、年間行事が予定通りスムーズに動くようになった。

三月二三日の兵庫高校との合同の終業式が思い出深い、三ヶ月の最後の行事となった。三月末、私も思い出深い神戸甲北高校から校長先生の励ましの声を大切にしまって、新しい任地に出発した。

西田校長先生、有り難うございました。

（元兵庫県立西宮南高校校長）

神戸甲北高校の被災状況について

竹中敏浩

震災直後は、電話もつながりにくく、避難所に避難している生徒もおり、生徒が無事でいるのかどうかさえはっきりつかめない状態であった。このような状況下にあって、一人の生徒も漏らさず状況を把握し、安否確認をしようということになり、私と養護教諭の仲田先生がそのとりまとめにあたった。

「一人の生徒も漏らさぬためデータベースを作ろう」という提案は私が行ったが、いざコンピュータに向かうと、「もし、最後まで入力できない生徒や最悪の事態を入力しなければならなくなったらどうしよう」と恐怖を感じ、この時ほど、コンピュータというものの冷徹な正確さを感じたことはなかった。

一月十九日になっても、まだ状況のつかめない生徒が、十数名いた。「入学時に提出された保証人の所に連絡してみよう」と提案された先生がおられた。この方法で、連絡の付かない生徒は、ひと桁にまでなった。

一月二〇日になっても、まだ連絡のつかない生徒が三名いた。「もう行ってみるしかない。行って避難所を探そう。」この提案で、教師のバイク部隊が結成された。先生方が避難所を丹念に回られ、会えない場合は、「〇〇さん、無事だったら学校に連絡してください」と大書きした掲示を残すということをされた。二〇日午後最後の一人から連絡が入った。「無事でいます」。この時やっと、学校中が安堵に包まれた。

生徒の状況について言えば、何も震災直後が最悪だったわけではない。震災によって避難していた生徒が最も多かったのは一月二一日で、全校生徒一〇七五名中、自宅から避難していた生徒一一〇名、夜間だけ避難していた生徒三名、避難勧告を受けているが避難していなかった者三名という状況であった。生徒の家庭における家屋の被害は、焼失六名、全壊四一名、半焼失一名、半壊八五名、軽損傷三三名という状況であった。

生徒の被害は物的損害ばかりではなかった。二月十五日時点で、何らかの心的ケアの必要を訴えた生徒は五六名で、そのうちわけは長引く避難所生活のためが二五名、他の者の多くは父母の勤務先の被災により経済的な基盤を失った者であった。被害を引き続く余震、余震がなくとも沸き起こってくる恐怖感、天候悪化によって生じるであろう崖崩れ等の恐怖感、それを防止するための避難勧告と、避難勧告によってまた生じる不安感。まだ、感情の起伏の激しい高校生にとってその影響はいかばかりであったかと思われる。

震災と生徒の被災状況をおもに数字データを中心に、ここに記させていただきましたが、これを書かせていただいた意図は、教室で地学の授業をしていて日々震災経験の風化を如実に感じるからです。今高校生である生徒たちは、震災時小学生です。震災によって崩壊した阪神高速道路の写真を見ても、彼らの記憶には残っておらず、他のニュース写真と同じく実感のないものなのです。どうしたら震災経験が風化させられないでいるか、日々考えている毎日です。できれば、生徒どうしの中で語り継がれていってほしいと願ってやみません。

（兵庫県立神戸甲北高校教員）

同年代の私の感想

村上忠敬

西田校長先生が三〇歳過ぎの湊川高校の頃、芦屋市では他市に先駆けて解放教育に取り組んでいた。JR芦屋駅周辺には地区があり、生活・教育・進学面で地区は不利な状況に置かれていた。精道中学は解放教育に熱心で、桜井、松葉、井上、古市などの諸先生が中心になって、他の先生（私を含む）を引っ張っていた。高校では市立芦屋高校が中心であった。

部落出身生徒や在日朝鮮人生徒や、学力が低位でクラスの中で馬鹿にされ、いじめられていた生徒を、自己の生い立ちを見つめる中で、差別なく落ちこぼれを出さず、人間として目覚める教育方法であった。進路保障を要求し、分かりやすい生きる力を身につける授業をさせるための条件整備をさせるため、同和加配の要求や、差別をなくすためのクラスごとの話し合いの合宿などが行われた。

まず、芦屋市教育委員会への糾弾闘争があり、次に、県教育長を始めとする県教育委員会への糾弾徹夜交渉が行われた。それには芦屋市の全教職員、芦屋市教育委員会、部落解放同盟や部落のおじさん、おばさんが参加したすごいものであった。

その頃、解放教育を導く人に西田氏がいて、芦屋市教職員の畏敬の的であった。雑誌「解放教育」(明治図書) でも全国的に有名であった。

その彼が芦屋ルナホールで芦屋市全教職員 (幼・小・中・高・教育委員会) や全国から講演を聴きに来た人を前に講演をされていた。今から二五年以上も前のことです。それを思い出して少し書いてみます。

彼の生い立ちの話、差別されている地区では、さらに下の者を差別しないと生きられない、それで喧嘩には負けたことがないこと、戦い方など。

中学の頃、担任がろくな進路指導もしなかったので、母子面談の時、彼が母に「この担任、今、目の前でしばいてもええか、お母さん」という話や、青年期に結核にかかり、ストレプトマイシンを飲み過ぎて難聴になった話や、解放運動を実践する上でしか差別からの解放がない話や、自分は物書きではない、解放教育の実践あるのみだ、「お前ら、ええかげんな教育しとったら、しばくぞ!」という言葉が胸に突き刺さった。

それ以来、私はお陰で分かりやすい授業を心がけて、大変役に立って、感謝しています。

一番嬉しそうに話されたことは、「私はこうして幸せな結婚をして、娘が生まれた。名前は今はやりの奈良明日香村にちなんで、『明日香』と名付けた」と幸せそうに言ったときです。

そのことを西田校長が後に、奇しくも神戸甲北高校に校長として来られた時に、私が「明日香ちゃん、元気ですか」と聞いたときに、彼は驚いて、「何でわしの娘の名前を知っとんのや」と言った話。ご縁があったのです。

また、島崎藤村の『破戒』における差別性を追求。生徒に追求させる湊川の授業についての話が印象的であった。生徒を叱るときは、両手を後ろに組んで、生徒に気迫激しく迫って指導する話も記憶に残っている。

神戸甲北高校にご縁があって、校長として来られたときの感想は、人を見る目の的確さ、早さであり、判断力、実行力が抜群でした。人を見抜くのが鋭く、そして人にニックネームをつけるのが上手かった。ある先生には「眠り狂四郎」とつけた。また以前のことですが、理科の先生から「白ブタ」と言われて、苦笑いしていた先生がいたほど、ぴったりのあだ名をつける表現力のすごさ！

また、ある先生に給料表を見せるように言われ、「お前の給料は高すぎる」と言われて、励まされたそうです。

私に対しては消極さを指摘され「君はさわやかだが、おとなしい。わしやったらかき回して活動する」「君は自分の授業はよい授業だと思っているようだが、授業が始まっても早弁をしている生徒がいるようではだめだ」と鋭い指摘があった。

また、職員会議で私が議長の時、西田校長が「もうこれ以上、質問は受け付けない」と話されたのに、私が「他に質問はありませんか」と言った時に、「わしがさっき言ったのに何で質問を受けたんや」と叱られたのが身に応えた。またよい意味での「独裁能力」を伺わせるものであった。

また、宮城教育大学の林竹二先生の流れを汲む研究授業もよく開いていた。生徒に疑問をもたせ、それを追求する授業研究が印象的で、素晴らしかった。解放教育に通じ、授業の原点であり、生命エネルギーの交流だと私は思う。

決断力と実行力で見事に「総合学科」を創造させ、生徒を活動させる「産業社会と人間」を取り入れたことは、『行動と実践の人・西田氏』の面目躍如であり、彼の思われていた通りのことだと思います。

彼は今までは、エネルギーを人に与え、出す一方でしたから、今後は十分生命エネルギーを取り入れて、ご自分を大切にされ、健康を回復されることをお祈りします。

(元兵庫県立神戸甲北高校教員)

西田校長と神戸甲北総合学科

岡田　正

一　西田先生との「出会い」

西田秀秋先生と私の「出会い」はかれこれ三〇年以上前に遡る。実は、「出会い」とは言っても一方的なものであった。すなわち一九六九年十二月だったと記憶しているが、当時、西田先生は湊川高校の教員であり、私は兵庫高校の生徒であった。当時の兵庫高校はいわゆる「学園紛争」の渦中にあった。兵庫高校の紛争の芽は一学期の頭髪自由化問題にあったと思うが、紛争が本格化したのは二学期になってからであり、秋が深まるにつれ、授業が正常に行えないような状態が日常的になっていった。一年生においては普通に授業が行われることがまだ多かったように記憶しているが、二、三年生では授業が突然ミーティングになることが多かったのではないだろうか。確か、二学期の期末考査は全学年中止になったはずである。

このような紛争のピーク時に旧神戸国際会館で「橋のない川」の上映会が開催された。そして、映画に先立って西田先生の講演が行われたのである。講演の内容は正直言って覚えていない。お母さんについての話だったとおぼろげに記憶しているだけである。

しかし、当時高校一年生の私からすれば、授業も試験もまともに行われないような状況で国際会館のような立派な会場で校舎を同じくする湊川高校の先生の講演を聴くということはインパクトが大きかった。今でこそ、湊川高校が解放教育の視点から兵庫高校の教育の中身を問いかけていたと冷静に分析できるが、高校一年生の頭には「学校＝体制側」という単純な図式を前提に、その兵庫高校の教育を批判する「西田秀秋は『反体制』の象徴」と短絡的にインプットされたのであった。ちなみに、「反体制」という言葉は今であればどこか遠い国の軍事政権下の地下活動のようにしか聞こえないが、一九六九年当時の日本においてはある種カッコ良い響きをともなって使用された言葉であった。

後年、震災直後の一九九五年二月から三月にかけて兵庫高校の一年生が神戸甲北高校を「分校」として使用したことがあった。時の兵庫の校長は上田統雄先生であり、神戸甲北校長は西田先生である。今でもよく覚えているのは両校の合同終業式の際の両校校長の挨拶である。

まず、上田校長が他校の校舎を「分校」として使用するという未曾有の事態を高校紛争期の苦難の事態にたとえて話された。いわば、紛争を突如降りかかってきた災難のように否定的なニュアンスで取り上げられた。このスピーチに呼応したのが西田先生である。西田先生はたいていどんなスピーチをされるときもきちんと草稿を作ってから臨まれる人であるが、このときはスピーチの冒頭で兵庫のかつての紛争が兵庫高校の教育を見直すきっかけになったことを取り上げられ、言ってみれば紛争の肯定的側面を示して上田校長のスピーチに対峙したのであった。

上田校長は紛争当時兵庫高校の教諭であり、講堂で多くの生徒を前にした兵庫全共闘と教員団の「大衆団交」の際に挙手し「こういう形の話し合いは教師と生徒の正常な関係とは言えない」ときっぱり宣言して壇上から立ち去り、後に多くの生徒から「先生、よくぞ言ってくれた」と共感を得たという。当時の高校生からは教師はすっかり自信を喪失した存在に写っており、上田先生の行動は数少ない勇気を示したものだったのである。

私は紛争当時の上田先生の行動も目撃し、西田先生の存在感も実感していただけに、この合同終業式の両校長のやりとりにはさすがに感慨を禁じ得なかった。

終業式後、西田先生から「今のスピーチを通してのやりとりを理解できるのはあんたぐらいかなあ」と言われた。

「出会い」の話からずいぶんそれてしまった。話を元に戻すと、私にとっての西田先生はまずはあたかも「反体制の象徴」であるかのように立ち現れたのである。

一九九四年に西田先生が神戸甲北高校の校長として赴任され、神戸甲北の教諭であった私が校長室に挨拶に赴いて、上記の「出会い」の話を披露すると、先生は半ば驚かれたような、半ば思い出に耽るような表情を見せられたのである。

二　総合学科の創設へ向けて

神戸甲北高校校長としての西田先生はもちろん「反体制の象徴」ではありえなかった。しかし、神戸甲北高校を新たに総合学科として立ち上げた発想の根底には全日制普通科の教育を根本的に問い直すという視点があったと思うし、その意味では三二年前の紛争時に持たれていたパッションと通底しているように思える。

西田校長の下で、私は生徒指導部長（九四、九五年度）、総務部長（九六年度）、一年次主任（九七年度）と務めさせていただいた。この四年間で最も思い出深いのは総合学科の創設に関わることである。

西田校長が神戸甲北に赴任して、すぐさま敏感に反応したのが生徒であった。私が甲北に赴任した当時は生徒の集会での態度は良いとは言えず、校歌など誰も歌っていないような状況であった。遅刻も多かった。しかし、生徒指導部を始めとした多くの職員の努力により、生徒の状態が少しずつ良くなりつつあった時期に西田校長が赴任してこられた。そして、まるで巨大なブルドーザーが荒れ地を一挙に整地するかのごとく、全校集会は静寂に包まれ、何年か前の状態がうそのように事態は一変したのであった。

したがって、西田校長の当初のイメージは生活指導に重点を置いた学校経営を遂行していくのかな、というものであった。ところが、その年の五月だったと思うが、校務運営委員会のメンバーが応接室に集められ、何事かと戦々恐々としていると、神戸甲北が総合学科の研究指定を受け、将来的に総合学科に脱皮するという、誰もが予想できない話だった。

もちろん、総合学科の話など初耳だったし、総合学科がどういうものなのかもよくわからなかったが、甲北が普通科でなくなる大きな転換点に差し掛かったことは認識でき、一同何やら重い気分で応接室を後にしたことを記憶している。

それ以降、総合学科を研究するための委員会がいくつもできたが、中には形式だけの委員会もあったように思う。誰が見ても進行状況がわかりやすかったのは総合学科の原則履修科目である「産業社会と人間」の研究であった。なぜなら、西田先生の鶴の一声で、まだ普通科でありながら九五年度より「産業社会と人間」を導入することが決まり、独自のテキスト作りが進んでいったからである。神戸甲北では「産業社会と人間」が総合学科の水先案内人の役割を果たしたことは間違いない。

阪神淡路大震災の影響で、総合学科への改組は一年遅れ、九七年度からとなった。

総合学科の準備という点では、「産業社会と人間」一色の感があった（実際にはカリキュラム作り等様々な準備が進んでいたはずだが、「産業社会と人間」のインパクトはあまりにも大きかったのである）九五年度に比べて、九六年度は総合学科高校としての特色作りと広報活動に重点が置かれた。あれは何月のことだったか正確には覚えていないが、西田校長から「アジア、スポーツ、ボランティアという三つのキーワードを生かしたキャッチフレーズを考えるように」という指令が出て、「Aアジアと結ぶ」「S　スポーツ・芸術を生かす」「V　ボランティアで学ぶ」というコピーが誕生した。

西田先生がライフワークでもある同和教育の視点からも特に力を入れたのが「アジアと結ぶ」だっ

たと思う。韓国、中国、ベトナムの高校と姉妹校提携を行い、相互のホームステイによる交流や修学旅行を通して「近くて遠いアジア」を「近くて近いアジア」にしていく。そのことが在日韓国朝鮮人への差別を解消していく道につながるという信念の下で「アジアと結ぶ」事業は推進されていった。このあたりの詳細は他の人の筆に譲りたい。九六年六月に甲北の姉妹校となった韓国ウルサン情報通信高校校長が来校され、本校で姉妹校提携式が執り行われた。その直前に西田校長が病に倒れられた。

九六年の夏は姉妹校提携を始め、中学生及びその保護者を対象とした各種説明会の実施など広報の最重要時期であった。その矢先の西田先生の入院は我々に大きな不安を与えた。しかし、絶望はなかった。西田先生が構築された総合学科に向けての大きなうねりは決して後退することなく、我々はそのうねりに身を委ねるように着々と準備を進めることができたからである。

西田先生がいらっしゃらない時のメンバーが総合学科を創ったのではなく、西田先生の諸準備の上にのっかって九七年度の総合学科開設にこぎつけたことを決して忘れてはならない。

三　総合学科スタート

さて、九七年春に西田校長は職場復帰を果たされ、総合学科がスタートした。私は栄えある総合学科一期生の年次主任を任された。

二、三年が普通科で、一年だけが総合学科。しかし、二・六八倍という高い倍率をくぐり抜けた推薦入試組を中心に今までの甲北生とは異質の生徒が入学し、独特の熱気に包まれていた。四月のクラス役員選挙ではどのクラスも次々と立候補者が出て、担任が戸惑うほどだった。七月の文化祭では一年五組が異例にも最優秀賞に輝き、「さすが総合学科」とイベントに強いところを見せつけた。個性の強い生徒が多く、集団となると絶大なパワーを発揮する、そんな印象を持った。

肝心の時間割作りにおいても、一年次においては基本的に生徒の興味・関心を生かす方向性が選ばれた。二年次以降、進路面が前面に出され、三年次においてＡＯ入試も含めて従来の普通科以上の成果を収めることができた。「総合学科になれば進学できなくなる」という俗説に見事うち勝ったのである。

ここで付言するならば、総合学科の成果はもちろん進学結果だけで測れるものではないことは言うまでもない。個性ある生徒の創造が最大の成果であるはずだ。しかし、それは数量で表すことのできない成果である。総合学科に対する社会的認識が遅々として進んでいない現状においては学科を担当する当事者としては目に見える成果として進学結果を気にしないと言ったら嘘になってしまう。

総合学科で従来の層とは違う生徒が入学していたのだから、進学において相当の成果を挙げたのは当然だという声もあるかもしれない。しかし、自分の時間割、多様な選択科目、「課題研究」、初の海外修学旅行など新しいシステムで初めてのことをどんどんこなしながらの三年間である。主任としてまずまずの成果を挙げることができたぐらいの自負はある。

そして、こういう成果を出せた背景には一年次、すなわち西田校長がおられた一年間に非常に伸び伸びと生徒を育てる雰囲気があったことが挙げられると思う。西田先生は総合学科一期生を育てることにおいて、すべての面において大変寛容だったと思う。先生は普通科時代には生徒に対して歴代の校長以上に厳しい姿勢を見せられる面もあったが、校長としての最後の一年間は生徒にとっては「優しい校長」だったのではないだろうか。それは単なる放任という意味ではもちろんなく、せっかく立ち上がった総合学科をあせることなく大事に育てようという姿勢の現れだったように思えてならない。総合学科という発展途上の学科に関しては、このような姿勢が大変重要だと思う。そして、こういう姿勢は現在の神戸甲北高校にも受け継がれ、これからますます総合学科は発展していくと信じている。その礎を創ったのが西田校長であり、兵庫の教育史に確実な一ページを刻んだのではないか。

思えば、応接室を重い気分で後にしたのが六年前のことである。昨春、総合学科一期生を送り出し、甲北を外から見つめることができる立場になって振り返ると、あのときの重い気分がまるで嘘のようだ。

私の乏しい教職経験の中で、西田校長の下での四年間は大変刺激的な日々だったと思う。「校長が変われば、学校が変わる」という言葉を聞いてからずいぶん久しいが、西田校長時代ほどこの言葉を実感したことはない。

残された教師生活において、あのような劇的な時間はもう巡ってこないのではないか、そんな気がしてならない。

（兵庫県立須磨東高校教員）

柔道場のレスリングマット

渡邊惠三

西田秀秋先生は、信念の人である。信念を持った人とは、西田秀秋先生のことである。何事にも強い意志で立ち向かい、威風堂々の姿にいつも圧倒されました。すべてのことに信念と照らし合わせ、リーダーシップを発揮されました。その裏付けとして多くの人脈を持たれ、兵庫県初の総合学科創設に向けて、全身全霊で打ち込まれ、軌道に乗せられました。

志半ばで病身になられましたが、先生の一途な姿は今でも脳裏から離れません。阪神淡路大震災時のあの混乱時にも平常心で指揮されていた姿が今も思い出されます。

先生の教育界に残された多大な業績は多くの人の知るところです。私などが語るまでもありません。私にとって一つ大きな出来事がありました。それは一つの部の部活動のことで、この場には適さない小さな事かも知れませんが、私にとっては重大事でした。柔道場にレスリングマットを敷くかどうかの際、私自身、内心「ダメかも知れないな」と覚悟しておりました。しかし、先生は私のこわごわの説明を聞いて下さり「やればよい」と一言。今でもあの時のあの一瞬を思い出すことがあります。半分覚悟しておりました分、嬉しかったこと。今でも感謝の気持ちで一杯です。

小さな事にこだわらず、機を見て人を活かす、場を活かす、マイノリティーに対する思いやり、先生の温かさを感じ、〝この先生は本当にすごく温かい、心の大きい人だ〟とその時、先生の本質の一端に触れさせていただいた思いでした。お陰様で第五十一回国民体育大会少年の部第二位の選手が生まれました。

その後、病身になられましたが、威風堂々のお姿は以前とお変わりなく、先生がその場におられることで存在感を感じさせられておりました。

四年間、西田校長先生のもとで緊張感を持ち、過ごすことができたことを、今になり感謝いたしております。

最後になりましたが、お体を大切に、ますますのご多幸をお祈り申し上げます。

（兵庫県立神戸高塚高校教員）

「人権とアジア」を視点に据えた学校

名波　彰

私が西田先生のもとで勤務させて頂いた四年間は、私の教師生活において決して忘れることができないものと思われます。特に、大韓民国蔚山情報通信高等学校と神戸甲北高等学校との姉妹校提携は、その最たるものと言えます。一九九六年五月一日から三日間、私は、当時、神戸甲北高校の校長を務められていた西田先生とともに、蔚山情報通信高等学校と神戸甲北高校と姉妹校提携を結ぶために韓国を訪れました。金浦空港での入国審査で、トラブルが生じていた私たちに、正しく救いの神のように現れた蔚山情報通信高等学校の李永春前校長の姿を、今も鮮明に覚えています。李永春前校長は長らく神戸韓国綜合教育院で院長として勤務されていたため、実に流暢な日本語に加え、「在日」問題をはじめとする日本社会が抱える人権に関わる問題についても深く理解されていました。

翌日、五月二日（火）午前九時過ぎに、西田先生と私は蔚山情報通信高校に到着しました。蔚山情報通信高校は、男女共学の韓国でも希有な新設高校で、新校舎の建設が着々と進められていました。学校に到着してほどなく西田先生と私は校長室に案内され、両校の姉妹校締結書に調印が交わされました。そして午前十時、全校生徒（第一学年の生徒全員・四百名）が整列するグラウンドで、姉妹校提携式が行なわれました。総合学科神戸甲北高校のＡＳＶ（「アジアと結ぶ」「スポーツ・芸術を生かす」「ボランティアで学ぶ」）の三つのキャッチフレーズの「アジアと結ぶ」の第一歩が歩み出した瞬間でした。

『ここに至りますには、私自身の生き方に大いに関係がありますので、それを述べさせて頂きます。私は、二一才で定時制高校に入学し、それが私の第二の人生の出発になりました。二一才の折りに、自分自身のことについて自分が被差別部落出身のものであることに目覚めまして、猛烈に勉強をし、人間的解放を目指して随分地域でも学校でも動きました。人間を人間として認めないすべての不合理なものについて闘ってきました。自分の位置が、日本の社会では随分厳しい生き方を迫られたのです。人間を人間として、生きさせるために障害となるあらゆるものの除去に頑張ってきました。のろけではありませんが、そういう生き方をする上で大きなきっかけとなりましたのは、現在結婚三三年目になる妻との出会いでした。学生結婚で、よく喧嘩をする夫婦です。私の妻は朝鮮籍で、今は日本籍でありますが、結婚をする際、双方の親から猛烈な反対がありました。その反対を押し切って三三年、現在では娘二人に恵まれまして幸せな家庭生活を送っています。』

これは、姉妹校提携式での西田先生の式辞の冒頭です。暫くして、それまで通訳を務めていた日本語担当の金賢姫先生に代わって、李永春校長が自らマイクを取り、西田先生の式辞に対する補足説明をされました。その夜、宿泊先のホテルで、「先生が部落出身であることや奥さまが在日韓国人であることをどうして式辞の冒頭で語られたのですか」と私は西田校長にお聞きしました。西田校長は、「これから、真の付き合いをしていこうと思えば、最初に自分のことを洗いざらい言うとかんとあかんねや。李永春校長は日本に長いこと住んではったし、素性というものはいずれ分かることや。こちらから先に自分が部落出身の校長であることを伝えた上で交流していくことが、ほんまの関係が築いていけるんと違うんやろか。」と私を諭すように話されましたことを今でも記憶しています。

また、「わしらの闘いは、一生続くんや。」と西田先生の力強い言葉から部落差別に取り組んでこられた強い気迫を感じました。蔚山情報通信高等学校との姉妹校提携は、神戸甲北高校が新しく総合学科として生まれ変わるための大きな第一歩であり、「アジアと結ぶ」ために学校レベル及び生徒レベルでの日韓関係を改善する幕開けとなりました。ところがその一ヶ月半後、西田先生は脳梗塞で倒れられ、我々教職員全員に計り知れない不安と戸惑いが襲いかかってきました。その年の七月には、蔚山情報通信高等学校から李永春校長をはじめ三名の先生が訪日され、西田先生が不在のまま姉妹校提携の式典が行なわれました。神戸甲北高校での姉妹校提携式では、在日韓国人女生徒である金良美が韓国語で全校生徒を前に挨拶と本名宣言を立派に行ないました。

人権教育を教育の場で真に根づかせ、アジアを視点に据えた西田先生の学校経営は、日本社会の中で被差別の立場におかれた生徒たちの心に深く響いていました。西田先生の教育理念が、被差別の立場にある生徒たちに自らの生き方を考えさせ、不合理な差別に立ち向かう自立精神を喚起させる原動力となっていたわけです。姉妹校提携の式典が終わって、蔚山情報通信高校の三名の先生と梶谷前教頭そして私の五名で、西田先生が入院されていた神戸市立市民病院へと向かいました。西田先生は、病床で自らの病と必死に闘っておられました。西田先生は、神戸甲北高校の校長として今後の交流の在り方や学校運営等について細部にわたる指示をされました。その時私は、西田先生が病室で両校の姉妹校提携式を立派に果たされたように思いました。西田先生の教育者としての闘志と執念が、李永春校長をはじめ、金虎春先生、金太性先生の韓国の先生方にも十分伝わっていたものと確信しています。

その年の十一月三〇日から三日間開催された全同教長崎大会で、私が担任をした在日韓国人女生徒の呉友希との関わり、そして姉妹校提携式で金良美が本名宣言をするに至った経緯を発表しました。参加者から予想以上の反響があり、その大会が終わっても私は私立松蔭女子高等学校の職員研修会に講師として招かれました。西田校長が職務復帰のために必死に病床で闘われている姿や差別に堂々と立ち向かう生徒たちの姿を見て、私は強い使命感に駆られました。全同教大会及び松蔭女子高校での発表では、私の脳裏には西田先生の存在が常にありました。西田校長がいつも私の心の中で舵取りをして下さっているように思われました。西田先生のもとで教員生活を過ごさせて頂いたことは、私自身にとって、教師として人間として大きく成長する糧となったように思われます。「あらゆる差別や人権侵害を許さず、反差別・多民族共生社会の創造を目指す」という精神が私自身にしっかりと根づき、それが私の現在の教育理念の中核を成すものと確信しています。

これからの教師生活においても、日本社会が持つ差別や偏見を常に自分の問題として捉えて、生徒と共に深く関わっていきたいと思います。

（兵庫県立尼崎稲園高校教員）

感動的だった最後の卒業式

仲　日出男

西田先生とは、十年余の比較的短い付き合いなのですが、今振り返ってみると、様々な場面が甦ってきます。先生が神戸甲北高等学校の校長として赴任された平成六年四月、校長室にご挨拶に伺いました。その時は、妻が北摂三田高等学校でお世話になったことへのお礼と、高体連バドミントン部神戸支部長をお引き受けいただきたいというお願いをさせていただきました。その日が先生との甲北での四年間のお付き合いの始まりでした。この四年間は、先生にとって、神戸甲北高等学校にとって、そして私にとって波瀾万丈であったように思われます。

平成六年十月の研究授業。宮城教育大学の武田教授をお招きし、当時国語科の主任であった私と英語科の主任であった名波先生（現尼崎稲園高校）の二名が西田先生のご指名で全職員、ＰＴＡ役員の環視の中、事前の教材研究会、研究授業、反省会を行いました。とかく閉鎖的な教員の世界で、教科の枠を越えお互いに授業のあり方を模索できたような気がします。西田先生の、授業を大切にし、授業で勝負するという考え方は、今も私の毎日の教員生活の中に生きています。

平成七年一月十七日、六千人余の犠牲者を出した阪神淡路大震災の際も先生は信念にのっとって采配を振るわれました。先生は、「子供は学校に来ているのが一番ええんや。学校に来て友人とお互いに励ましあっていくのがええんや。」と、どこの学校よりも早く授業を再開されました。消防団員として板宿などで活動していた私に「頑張ってるんやな。」と優しい言葉をかけてくださったことも忘れません。またこの年の七月には、地震で実施できなかった蔵王へのスキーの替わりに東北への四泊五日の修学旅行を実施しました。自粛する学校が多かった中、「修学旅行は一生の思い出や。」という先生の信念のなせる技でした。

宮城教育大学の教授を新神戸駅まで一緒に迎えに行った次の日、先生は学校で倒れられました。その後も教育に対する情熱を持ち続けられ、平成十年二月の先生にとっての最後の卒業式は、とても感動的でした。車椅子で参加され、ステージの上で流されたあの涙の中に先生の教員生活の全てが凝縮されているようで、私自身も目頭が熱くなるのを感じました。

先生には可愛がってもらいました。スナックなどにもよく連れて行ってもらいました。先生は「酒と泪と男と女」を渋い声でよく歌われました。私は随分失礼なことを尋ねました。「先生の給料はいくらですか?」「わしは、教員になるのが遅かったから安いんや。」「先生はどうしていつもそんなに自信満々なのですか?」「わしは今まで喧嘩に負けたことはないんや。」お酒もよく飲まれました。清酒「小鼓」がお好きでした。高級でおしゃれな店によく行かれました。先生は一人の人間として接してくださいました。「教科主任は偉いんや。」「この部屋(校長室)に来たら仕事が増えるんや。」「お前は頭が固い。」「スカタンするな。」「総合学科はおもしろいんや。おもろい学校になるぞ。」など数多くの言葉が甦ってきます。迫力。強さ。誠実さ。ひたむきさ。そして優しさ。西田先生が身をもって示してくださった数々の教えを大切にしていきたいと思います。

(兵庫県立御影高校教員)

心の優しさを忘れることなく

横山木郎

私が、神戸甲北高校に赴任したのは、平成九年度のことでした。総合学科第一期生を迎え、いよいよ本格的に「総合学科」のスタートとなる年でした。

一期生の面々は、総合学科という新しい高等学校に自分の夢と希望を抱いて目を輝かせながら、入学してきました。私がこれまで出会ってきた高校生とは違った、総合学科を自分で選んだ個性派が揃い、意欲に満ちあふれていました。彼らのその気持ち、情熱に、後押しされ、またその気持ちをいつまでも持ち続けてほしい思いから、私も彼らをどのようにサポートすればよいか、「総合学科」という新しい概念の基での新しい指導法を必死に考える日々が始まりました。クラスとしての活動においても、生徒に考えさせ、議論させるようにし、時間がかかっても、自己決定能力や自己選択能力が養われ、充実感が感じられるようにできるような点に、重きを置きました。

総合学科一年目に、生徒は二年次、三年次の時間割を自分で組みます。時間割の大部分を自ら選択作成する、これは実は、生徒にとっては大変な作業でした。選択するためには、「なぜその科目を選択したのか」「その選択は自分の将来にどのように関係することになるのか」といったビジョンを自分自身に問いかけることになるからです。自分で選択する、将来の夢について考えてみる、この「自分探し」の作業に彼らは、迷いながら時間をかけて、挑戦していきました。十五、十六歳の生徒が自分の将来について、色々と考え、悩んでいた姿は今も覚えています。

生徒たちの意欲が日々感じられ、彼らとともに頑張っていきたい……、そういう思いに駆られるほど、良いムード、勢いがありました。しかしそういう私には、一つ悩みがありました。平成九年の五月に生まれた私の長男は先天性の重度脳障害児として生まれました。赴任してすぐのことでした。勤務中も、日々気にならない日はありませんでした。一方でこの「総合学科」を良いものとしていきたい、この意欲にあふれた生徒たちと共に頑張っていきたい、という気持ちがあり、その間で悩む日々が続きました。長男はこのままでは一生寝たきりになるので、体の機能のリハビリテーションをするため施設に通う必要があるということでした。

悩んだあげく、私は、西田先生に苦しい胸の内を説明に行き、どうすべきか相談しました。西田先生は真剣に私の話を聞いてくださり、親身になって考えてくださりました。その後、私の異動先を懸命に探してくださいました。

異例の転勤ができたのは、西田先生の心の広さによるものと深く感謝しております。西田先生の心の優しさを忘れることなく、今後とも日々精進いたしたく思っております。

（兵庫県立神戸工業高校教員）

校長先生は名前を覚えるのが早いなあ

田中里美

神戸甲北高校で三年間、西田先生の教えをたまわりました。まず、思い出されるのが、春の歓迎遠足です。春の六甲山を歩くのは気持ちのよいものですが、仕事であり、気の抜けないものでもありました。西田先生も元気に登っておられ、「やあ、田中さん。」と声をかけて下さって、先へ行ってしまわれました。校長先生は名前を覚えるのが早いなあと感じたのを覚えています。河原で食事を作るのですが、校長先生の班は、先生の「カレーに決まっている。」の一言で、メニューはカレーライスだったそうです。

次に思い出されるのが、国語の研究授業です。私は理数コースで『山月記』の授業をしました。宮城教育大学の先生が来られ、ビデオ撮影があり、普段と違った緊張感の中での授業でした。いろいろと助言いただき、最後に、「いつでも授業をしてみせよう。君たちのために。」とおっしゃいました。私は「本当かな。いつかお願いしてみよう。」と思っておりましたが、担当学年の卒業とともに、私も甲北高校を去りました。西田先生の授業を拝見することはありませんでしたが、教師はまず授業ということを先生から学ぶことが出来たと思います。

また、総合学科設置に向けての準備中、研究のために筑波大学付属坂戸高校に吉田先生と学校訪問に行かせていただいたことも心に残っております。大変勉強になりました。「新しい学校を創るのは何と苦労のいることか。」というのが、総合学科設置までの慌ただしい日々に実感したことでした。

西田先生は、学校をよくするために必要だと思われたことは、すぐに取り入れる方だと感じました。西田校長先生のもとで勤めたのは、三年間でしたが、震災もあり、いろいろなことがあり、もっと長い間だったようにも思うこの頃です。ありがとうございました。

（兵庫県立加古川南高校教員）

「まず生徒ありき」を忘れずに

田中康憲

組合活動の闘士であり、その言葉一つ、考え一つにカリスマ的存在感を持つ、湊川高校の西田秀秋の名前を知ったのは、二〇年以上も前に教員となり就職して間もなくでした。当時の学校は、分会員と管理職との敵対意識を露にして校長交渉を重ねていたのを、不可解なものとして傍観していたものです。今思うに、勉強不足で、何が問題で何を交渉していたのかも定かではありませんでした。その組合活動の旗振り役をしていた中の一人が西田秀秋先生でした。

その後、私は転勤し、先生と接する時間もありませんでした。何年かしてその西田先生が転勤してこられて、ラグビー部の顧問をご一緒させて頂いてからが公私に及ぶお付合いの始まりです。三宮の焼肉店で御馳走になりながら、ラグビー部の顧問を希望された経緯（単純に柔道やラグビーのような格闘技に似た激しく男らしいスポーツが好きだということでした）や、組合活動を続けて来ていたポリシーや人生観等々を下戸の小生を相手に手酌で気持ちよさそうにフランクに話してくれました。印象に残ったのは、組合活動の原点は「生徒ありき」「生徒がよりよく」で、職員の処遇は二の次、三の次、そんな言葉が今でも耳から離れません。その言葉は今日の学校現場での諸問題を解決する唯一の方法として根底に脈打っている不易と思います。

同じ現場でご一緒して、先生からは様々なことを盗むことができたと自負しています。とりわけ、先生が熱心に取り組まれていたのが同和教育です。大方の先生が一歩後退りしてしまうなかなか難しいものです。このことを、いとも簡単に進めることのできるエネルギーや、四六時中職務に追われ忙殺される日々の中で、なおかつ動ける情熱は社会的弱者におかれる在日韓国朝鮮人生徒や被差別部落出身生徒への熱い思いがあり、「生徒ありき」「生徒がよりよく」が支えにあったに違いありません。在日韓国朝鮮人生徒が本名を名乗り、被差別部落出身をあかし、差別に負けないで、強くなくてもいい、尻込みしない生き方ができるような生徒を送り出す。一口に言えば簡単ですが現実はそうたやすくないものです。

先生は赴任され間もなく、学校の実態に外国籍、地区出身生徒の多さをあげられ、その生徒達を集め励ます会として「集い」をつくりました。「集い」は在日韓国朝鮮人生徒や被差別部落出身生徒たちを勇気づけ、仲間と共に元気に明るくをモットーに、自分達自身を勉強する会です。堅苦しいものではなく、お互いが仲間意識をもち、茶話会などを開く、明るい集まりでした。しかしそんな集まりでも悩み事や辛いこと、高校生活のストレスや思春期の悶々とした想い、外国籍（韓国籍・朝鮮籍）であるがゆえに、地区出身であるがゆえに持っている苦しみ悩みを、吐露できる心の安らげる場でもあります。そんな悩みを持つ生徒が少なからずいました。その生徒達が自分達のいる立場に背を向けないで、友人の助けや励ましを受けながら、悩みを相談し辛さを克服し、本名を名乗り、出身を明らかにすることにより、強くたくましくなってゆく姿を見るとき、関わりを持つ意味が鮮明になりました。当初、この「集い」に参加することすら避けて、自分を見つめることをしない生徒も、正面からぶつかる先生の想いに、「今なぜ集い」から「今だから集い」へと気持ちが和らぎ、自分自身を正視することができるようになりました。

私が当時担任をしていたテニス部のT子さんもそのうちの一人です。初めは尻込みをして逃げていましたが、渋々ながらも「集い」に参加してからは、差別の本質、歴史等を紐解いたり、はしゃいだり泣いたりしながら仲間達に励まされ、その中で差別が何たるかを自らも自覚し、差別に胸を張って向かい合えるほんの少しの強さが芽生えてきたのを思い出します。高校生活を謳歌しているように見せ、明るく活動的な生徒であるのに、内面から表現できる本当の明るさを出せないのは、決して知られたくない「被差別部落出身」が心の隅にいつもあったのだと思います。人権学習を重ねていくうちに彼女は地区出身を名乗る勇気を持ち合わせ、意味も理解し始めていました。私が感心したのは、みんなの前で彼女一人で名乗ったことです。昼食時間に仲のよいグループではありましたが、そのことが余計に勇気の要ることであったろうと思います。つまった時には助け舟（教員）がでないと知っていて、何故ひとりで？ 答えは信頼に支えられた友情と勇気であったに違いありません。それからの彼女は自身から出る本当の明るさが輝き、いきいきと高校生活を送っていたことを思い出します。私は当時の彼女の友人たちを、一人の人間を支える優しさを持った生徒と、今でも誇りに思うと共に彼女の人間としての自立に喜びを覚えます。

今でも、指導の根底には先生の「生徒ありき」「生徒がよりよく」の言葉を忘れず、頑張っています。

（兵庫県立神戸甲北高校教員）

生徒からもらった手紙

田中雅康

私が兵庫県の教員採用試験に合格し、新任教師として東灘高校に赴任したのは、一九八〇年（昭和五五年）、私が二九歳の時だった。東灘高校には四年間お世話になったが、その四年目を迎えた最後の年の一九八三年（昭和五八年）の四月に、西田先生は東灘高校に来られた。その時が西田先生と私との初めての出逢いになる。

東灘高校は、その当時、一年生が十クラス、二年生が八クラス、三年生が九クラスであった。定員増の時代であった。その時私は東灘高校十回生となる一年生の七組の担任になった。その学年の副主任に武藤真一先生、一組の担任に田中康憲先生がおられた。西田先生は、その一学年団の学年付きとして来られた。

その当時の私は同和教育のなんたるかや、解放運動の担ってきた歴史というものを全く知らなかった。それゆえ西田先生という方がどんな先生なのかは私には全く分からなかったが、来られるという噂は、学校中を駆けめぐった。「今度あの西田が東灘高校に来るらしいぞ！」「何しに来るんだ！」「大変なことになるぞ」「困ったことだ。何を考えているんだ」、そんな噂が飛び交い、西田先生は鳴り物入りで赴任された。

私自身はそんな噂は噂として、特に何も感じなかった。おそらく西田先生をそのような色眼鏡で見るほどの知識もなかったというのが本当のところだったと思うし、それほどに同和教育に対して無知であったということだろうと思う。

西田先生が赴任された一年目の課題は、東灘高校の同和教育の建て直しであった。具体的には、担任や学年団に、地区出身生徒や在日韓国朝鮮人生徒に対して、正面から「部落問題・朝鮮人問題」と面と向かい合った出逢いを示唆することにあった。これまでの我々は受け持った生徒が地区出身生徒であるかどうかは、同和奨学金や支度金の受給を希望してきて始めて把握できたし、それしか方法はなかった。生徒の現住所から判断して保護者に確認をするなど、とんでもないことと考えていた。

そんな状況下にあった東灘高校で、西田先生はまず最初に「生徒名簿」から地区出身生徒と思われる生徒を現住所からリストアップされ、学年団や担任に保護者面談の際に、その確認をするようにと言われた。私のクラスにもそのような確認を要する生徒が二名いた。同和奨学金を受給していないが、地区内に住んでいる生徒であった。西田先生は、私に「最初の保護者面談でそのことを確認しなさい。具体的な方法はいくらでも教えてやる。お前がやらなかったらわしがやるぞ。」と言われた。今までの教師生活三年間の中で、地区出身生徒や在日韓国朝鮮人生徒と「部落・朝鮮」問題を正面に据えて話をしたことなどなかった私は本当にびっくりした。

当時の私とはほぼ二〇歳ほども年が違う母親に対して、何をどのように聞けばいいのか、聞いていく中で話がどのように展開していくのか、それにどう対応していけばよいのか、とまどいばかりが頭を駆けめぐったのを昨日のことのように覚えている。無知なくせに生意気であった私は、そのようなとまどいよりも、「お前がやらへんかったら、わしがやるぞ」という西田先生の恫喝ともいえる言葉の方が気になった。このクラスは私のクラスであり、私の生徒であるという自負心があった。とにかく生意気にも自分のクラスの生徒が自分の手を放れてしまうことが許せなかったし、人に触らせたくないという気構えが担任としての第一歩だと思っていたし、それだけが自分を支えていたように思う。保護者には変に構えたりせず、単刀直入に聞くしかなかった。話を聞いていく中で昔からそこに住んでおられるということであったが、「地区の方ではないのですか」と尋ねると二人の母親は「違います」と語気荒く言われた。成績のことなど一般的な話の時にはごく普通の対応をされたが、その話の時だけはお母さんの顔色が変わったことを今も鮮明に思い出す。

次の日に、その生徒が私の所に来て、「お母さんから話を聞いたよ」と言いに来てくれた。まだ私との繋がりが切れていないと確信した。

そんな中で、西田先生は二学期になってから、念願の「地区出身生徒、在日韓国朝鮮人生徒の集い」を企画し、実行されていった。西田先生自身が該当生徒との面談もされていった。

そして三学期に、西田先生の示唆を受けて「伊豆の踊り子」を教材として取り上げ、川端康成の出生と深く関連をさせながら授業をした。教科書では省かれている「物乞い旅芸人村に入るべからず」という文章に触れながら、峠の茶屋のお婆さんから「あんな者」と軽蔑され、差別されていた旅芸人と一高のエリートである「私」がなぜここまで心を通わせたのかをきめ細かく展開したのを覚えている。

そして三学期の最後のLHRで、「集い」に集まっていた地区出身生徒や在日韓国朝鮮人生徒が書いた文章を無記名にして生徒に配布し、考えさせるという同和LHRを展開した。

次の年に私は鈴蘭台西高校に転勤したので、西田先生に教えてもらいながら一緒に仕事をさせていただいたのはこの一年間だけであったが、本当に多くのことを教えていただいた。私が始めて「出逢い」といえる出逢いができたあの二人の生徒が、私が転勤するときに「田中先生ありがとう。先生と出会えたことは忘れません。中学の時までは、教師なんて信用できないと思っていたけど、その思いを先生が打ち消してくれました。本当に先生と出会えてよかったと思っています」という手紙を送ってくれた。無我夢中でぶつかっていった生徒からこんな手紙をもらって、初めて教師をしていてよかったと思った。こんな出逢いができたのも、西田先生との出逢いがあったからだと思っている。

私自身は、兵庫区荒田町にある湊川商店街（現在のパークタウン）に成人するまで住んでいたので、小・中・高校時代には、地区の生徒や福原の友達がたくさんいた。だから被差別化に置かれている友達と出会っていたが、西田先生との出逢いから教えられ、学んだことによって、初めてその出逢いが「同和問題」との出逢いとして追体験されていったのだろうと思う。おそらく西田先生と出逢わなかったら、部落問題、在日韓国朝鮮人問題を始めとする様々な課題を、自分自身の課題として受けとめていこうと思うような今の自分はなかったとつくづく思う。

教育の原点は「同和教育」にある、とよく言われた。それは「同和問題」はそんな難しい特別な問題ではないと言うことである。生徒を真に理解し、自分の伝えたいことを教えていくには、生徒の生活背景を知ることから始まるからである。「いくら教師だからと言っても、あまり生徒の個人的な家庭のことにまで踏み込んで聞くのは行き過ぎだと思う。生徒は勉強するために学校に来ているのだから」という意見を聞くことがある。

そんな言葉を聞くときに、私はそのことの是非よりも、一抹の寂しさを感じてしまう。それが教師としての限界であるのだろうかと思ってしまう。部落問題を通して西田先生から学んだことは、一段高い教壇から生徒を見ることに慣れてしまう教師の在り方の危険性であったし、何事も普遍化し、一般化してしまい、生徒の課題を自分の課題として捉えられなくなる教師の在りようであった。西田先生から学んだことの大きさをこの年になってつくづく感じている。

（兵庫県立神戸甲北高校教員）

あとがき

本書は、私が六〇歳の定年までの四年間を勤めた兵庫県立神戸甲北高等学校の校長時代を振り返って、普通科から総合学科へ転換したその間の私の果たしてきた仕事を跡づけ、その内容がどういうものであったかを概括したものです。その間、阪神・淡路大震災に見舞われ、私自身、当該の学校長として、神戸甲北高等学校に近隣の兵庫高等学校の第一学年の生徒二六〇名を受け入れ、復旧活動に邁進してきました。校内にはまた、茨城、新潟、静岡、愛知の各県警から、それぞれ五百名の機動隊が寝泊まりし、救護活動を行いました。

その後、一九九六年六月二十八日に、校長室にて執務中、私は突然脳梗塞によって倒れ、甲北高校の先生方によって神戸市立中央市民病院に運ばれました。直ちに入院し、四ケ月の入院生活を送りましたが、その間も、心筋梗塞のため、絶命寸前まで追い込まれました。さいわい家族の介護によって、現在ようやく杖によって歩けるまでに回復してきました。特に次女の賀陽は、仕事を辞めてまで、連日のように病院に詰めて看病に当たってくれました。その年の秋には、主治医の指示で垂水区にある県立リハビリセンターに転院し、四ケ月の入院生活の後、退院することができました。

定年を迎えて、校長として最後の一年間、私はどうしても復職したいと思い、周囲に嘆願しましたが、簡単にはいきませんでした。最終的に県教育委員会の英断により、一九九七年三月半ばに、県と市の両病院の医師二名の承認が得られ、復職することができました。

当座は、私は車椅子で執務しました。執務が可能だったのは、多くの先生方の献身的な応援があったからです。特に毎朝八時十五分、近隣に住んでおられた先生が自分の車で学校まで送ってくれました。本当に、感謝の言葉もありません。

本書には、総合学科を開設し、その運営についてもご助言、ご指導をいただいた内外各位の貴重な証言のご寄稿を得ましたことを、厚くお礼申し上げます。とりわけ当時、教育次長の近藤靖宏先生がお忙しい中、貴重な原稿を寄せていただき、衷心より感謝申し上げます。

本書編集の途中、七月二十七日午後五時四十五分、私の弟武夫がガンで六〇歳の生涯を閉じました。彼の元気なうちにこの本を見せてやりたかったのですが、とうとうそれは果たせませんでした。返す返すもそれが残念です。

この本がこのような形になるまでには全国の仲間の先生方に、お世話になりました。深く感謝しております。なお、出版に漕ぎ着けるまで、中谷雄二先生、武藤啓司先生にはひとかたならぬお世話になりました。感謝に絶えません。また、社会評論社の松田健二様にはご無理をおかけしました。この場をお借りして心よりお礼を申し上げます。

二〇〇一年八月一日

西田秀秋

西田秀秋（にしだ　ひであき）

1937年、神戸市宇治川に生まれる。翌年、阪神大水害により流され、番町に移住。丸山中学校卒業後、70種近くの職業を転々とし、21歳で湊川高校（定時制）に入学。63年、湊川高校を卒業、立命館大学に進む。31歳で湊川高校の教員となる。この間、部落解放運動に従う。70年、立命館大学卒業。84年、東灘高校に転出。その後、北摂三田高校教頭、伊川谷高校教頭を歴任し、94年神戸甲北高校長。総合学科を県下で初めて導入。その間、全国同和教育研究協議会委員、兵庫県同和教育研究協議会役員、神戸地区県立学校同和教育研究協議会長などをつとめる。98年、神戸甲北高校長退職。在職中、脳梗塞に倒れ、左半身麻痺のため、現在リハビリを続けながら、著述生活を送っている。

著書に『在日朝鮮青年の証言』（三省堂、1970年）、『壁に挑む教師たち』（共著、三省堂新書、1972年）、『「おきみやげ」のはなし』（明治図書、1975年）、近代民衆の記録⑨『部落民』（新人物往来社、1979年）、『西田秀秋脚本集』（門土社総合出版、1983年）、『上演の跡・輝き出る魂たちの記録』（兵庫授業を考える会、1983年）、『日本における部落差別の謂れ』（自費出版、2000年）。

また、林竹二『教育の再生をもとめて』（筑摩書房、1977年）、『林竹二・その思索と行動』（国土社、1985年）、双書『生きること学ぶこと』全5巻（国土社、1985年）の外、雑誌『部落解放』、『解放教育』、『総合教育技術』などに教育論多数。

現住所　神戸市須磨区北落合２丁目12-355-101

校長の学校改革　原点としての解放教育

2001年11月15日　初版第１刷発行

著　者――西田秀秋
装　幀――桑谷速人
発行人――松田健二
発行所――株式会社社会評論社
東京都文京区本郷2-3-10
☎03(3814)3861　FAX.03(3818)2808
http://www.shahyo.com
印　刷――スマイル企画＋P&Pサービス
製　本――東和製本

Printed in Japan　ISBN4-7845-0774-4